# La competitividad del ecosistema audiovisual español

# La competitividad del ecosistema audiovisual español

José María Álvarez-Monzoncillo

McGraw Hill | AULAMAGNA PROYECTO CLAVE

**La competitividad del ecosistema audiovisual español**

Primera edición: 2024

ISBN: 9788410066564
ISBN eBook: 9788410066670
Depósito legal: SE 1809-2024

© de los textos:
José María Álvarez-Monzoncillo

© de esta edición:
Editorial Aula Magna, 2024. McGraw-Hill Interamericana de España S.L.
editorialaulamagna.com
info@editorialaulamagna.com

Impreso en España – Printed in Spain

# Índice

# 1.

# Introducción

El sector audiovisual es de una gran complejidad porque conviven un entramado de pequeñas empresas con otras de gran tamaño que operan en el mercado internacional. Unas dan servicio para la producción de obras audiovisuales, otras venden solo formatos. Los sistemas de distribución son complejos al utilizar todas las tecnologías de difusión (TDT, cable, Internet, etc.), las formas de financiación son diversas (publicidad, subvenciones, suscripción, etc.), el Estado regula el número de operadores y exige algunas condiciones al mercado (cuotas, protección a colectivos vulnerables, etc.), y, por último, la evolución tecnológica va modificando los modelos de negocio, las formas de trabajar, el *marketing*, el conocimiento del usuario, etc.

La llegada de la IA generativa está llamada a transformar el panorama de los medios y el conjunto de la industria del entretenimiento porque no solo va a cambiar la forma de crear y producir contenidos (inventar una historia y buscar localizaciones de un rodaje, por ejemplo), sino también mejorar la gestión de los datos de los clientes para personalizar ofertas o mejorar el *marketing*. Por eso, los medios actuales van a tender a vallar sus contenidos ante la dificultad de desarrollar sus propios modelos, así como la «tiktokización» de la información y otras muchas más tendencias.[1]

Además, los usuarios se segmentan por gustos; cambian sus preferencias y hábitos con la edad; consumen en diferentes dispositivos

---

[1] Cerezo, P. Tendencias 2024. Hacia el final de la web abierta. Programatic Spain (https://www.programaticaly.com/portada/paper-tendencias-2024 -sector-media-por-pepe-cerezo).

cómo y donde quieren de acuerdo a su «capital cultural»; tienen herramientas para huir de la publicidad; se resisten a la fidelización y consumen de forma omnívora y nómada. Estamos, por tanto, ante una paradoja: por un lado, un fenómeno importante de empoderamiento de las audiencias que puede crear, distribuir contenido y valorar los productos; y por otro, un control en manos de muy pocas plataformas que son la que realmente obtienen el beneficio del ocio productivo. Y de forma adicional, hay que tener presente que el sector audiovisual sustenta muchas de las industrias culturales clásicas, tanto por su financiación, como el caso del cine, como por su difusión, como con la música.

También el contenido audiovisual crea identidad social, fomenta los lazos de la comunidad y sus productos tienen un alto valor simbólico que construye realidad/des. Y, por último, casi todos los países lo consideran un sector estratégico de alto valor añadido porque emplea mano de obra intensiva y especializada y es clave para fomentar el desarrollo de otros sectores, como el turismo.[2]

También la Unión Europea concede a las políticas de fortalecimiento del sector Industrias Culturales Creativas la consideración de estratégica.[3] Los efectos indirectos culturales y creativos (*spill-over*) se definen como el

---

[2] Así lo considera el Gobierno en el Plan «España, Hub Audiovisual de Europa» por el que movilizará unos recursos públicos estimados que ascienden a 1603 millones de euros, a lo largo del periodo 2021-2025, y su meta es aumentar un 30 % la producción audiovisual realizada en España al final del periodo. Los recursos financieros de este Plan provendrán de los Presupuestos Generales del Estado y de fondos de la Unión Europea (principalmente, el Fondo Europeo de Recuperación y Resiliencia, el Fondo Europeo de Desarrollo Regional (FEDER) y el Programa Europa Creativa para el periodo 2021-2027. Cadena de valor global de los ingresos del audiovisual en España, 2017 (https://portal.mineco.gob.es/es-es/digitalizacionIA/Paginas/HUB-audiovisual.aspx).

[3] -KEA-European Commission (2019). *Impulse paper on the role of cultural and creative sectors in innovating European industry.* 2019. Brussels. DOI: 10.2873/509380.

proceso por el cual una actividad en las artes, la cultura y las industrias creativas tiene un impacto posterior más amplio en los lugares, la sociedad o la economía a través del desbordamiento de conceptos, ideas, habilidades, conocimientos y diferentes tipos de capital . . . Esas externalidades positivas son el resultado de procesos a través de los cuales la creatividad basada en la cultura se extiende a otros sectores e industrias, contribuyendo así a la innovación en la economía en general. Los efectos secundarios creativos se generan a través de la interacción entre la creatividad basada en la cultura y otras formas de innovación y procesos (científicos, técnicos, comerciales).[4]

La cadena de valor audiovisual era muy inestable desde hace tiempo por el llamado proceso de convergencia.[5] El potencial de las industrias culturales y el entretenimiento no disipan las incertidumbres en la reestructuración de su clásica cadena de valor. Eso ha supuesto un cambio sin precedentes de los hábitos de consumo y la inestabilidad de los nuevos modelos de negocio que desequilibran la estructura tradicional. Una cadena de valor agrupará todas las actividades o nodos que la industria lleva a cabo para colocar una producción audiovisual en las manos del consumidor.[6] Sería el ciclo de vida de un contenido hasta llegar al espectador con sus vueltas en una dis-

-KEA (2018) Research for the CULT Committee - *Creative Europe: Towards the next programme generation*, European Parliament, Policy Department for Structural and Cohesion Policies, Brussels.

-Unión Europea. Libro Verde: Liberar el potencial de las industrias culturales y creativas. Bruselas, 27.4.2010 COM (2010)183 final.

4  KEA-European Commission (2019). Impulse paper on the role of cultural and creative sectors in innovating European industry. 2019. Brussels. DOI: 10.2873/509380.

5  Álvarez Monzoncillo, «La televisión en España: el eslabón perdido de la cadena», pp. 239 a 356, en Benavides Delgado, J.; Alameda, D.; Fernández, E. (Eds.). Las convergencias de la comunicación: problemas y perspectivas investigadoras, Fundación General de la Universidad Complutense / Ayuntamiento de Madrid, Madrid, 2000. ISBN: 84-607-1007-6.

6  Álvarez Monzoncillo, J. M. y López Villanueva, J. *European Audiovisual Policies: Regulation and Converging Markets*, pp. 65-85, in Yahya R. Kamalipour (Ed.) (2018): Global Discourse and Discord. Cambridge: Cambridge University Press. ISBN (10): 1-5275-1109-X ISBN (13): 978-1-5275-1109-5

tribución global por diferentes ventanas de amortización y diferentes plataformas de distribución. La disrupción que ha supuesto Internet y las transformaciones ligadas al *marketing* digital han provocado cambios importantes en las empresas de medios de comunicación y en las industrias culturales, pero sobre todo en el sector audiovisual. En ese nuevo ecosistema,

> el reto para las empresas es reconfigurarse a fondo para construir ofertas de servicios capaces de interesar al público, de manera que haga posible su financiación. Esas propuestas pueden dirigirse a los mercados tradicionales o a nuevos mercados potenciales, y han de ser la base para que las empresas sean económicamente viables a medio y largo plazo.[7]

Este giro también

> ha producido una pérdida de la centralidad de los medios de co-municación, pues se ha reducido su papel como nexo de unión entre el mercado de los usuarios de la información o el entretenimiento (es decir, los consumidores en general) y el de los anunciantes. Este cambio dinamita con frecuencia la viabilidad de los modelos tradicionales de negocio, porque en un entorno digital los segmentos de mercado a los que el medio llega directamente se reducen drásticamente y las alter-nativas disponibles para los anunciantes se multiplican. A su vez, los usuarios tienen a su disposición multitud de opciones para satisfacer sus necesidades informativas y de entretenimiento, lo que reduce el interés por la oferta de los medios y les exige un creciente esfuerzo de presencia multicanal, porque el canal ya no es el medio.[8]

En esa encrucijada entre lo nuevo y lo viejo, aparecen nuevos vectores de cambio que están obligando «a las compañías a moverse hacia un nuevo modelo que pasa por diversificar las fuentes de ingre-sos, ocupar posiciones en más puntos de la cadena de valor y trabajar para tener un tamaño relevante».[9] Tarea muy compleja por la elevada

[7] Pérez, F. *et al.* (2020). Los medios de comunicación en la era digital. Institu-to Valenciano de Investigaciones Económicas/ Fundación BVVA. Valencia. pp. 199.
[8] Ibidem, pág. 199.
[9] PWC. Entertainment and Media Outlook 2018-2022 España. www.pwc.es

competencia que existe en el sector y la resistencia de los usuarios a suscribirse, escapando de la saturación publicitaria.

Esos nuevos modelos de negocio de los medios pasan también por mejorar la gestión de los datos de los usuarios para poder realizar un *marketing* personalizado y optimizar al máximo el papel estratégico de los ingresos provenientes de la publicidad. Ante la IA el futuro de los medios pasa por

> fortalecer y proteger sus propios contenidos. Porque solo unas pocas compañías disponen de la suficiente cantidad de datos de calidad y de recursos para desarrollar sus propios modelos de IA. En este contexto, las alianzas que puedan tejerse y, sobre todo, la unión como industria serán fundamentales para alcanzar una estrategia común que garantice la supervivencia del sector.[10]

Veremos cómo se van desarrollando las diferentes estrategias y la adaptación a un cambio difícil de cultura corporativa de las empresas de medios y de producción de contenidos.

Esa radical transformación no está exenta de contradicciones por el obligado equilibrio entre los modelos *freemium* mantenidos por la publicidad, *paywall* o muros de registro, *premium* con suscripción o modelos mixtos. Pero, a día de hoy, la percepción que tienen los usuarios sobre la gratuidad en Internet hace pensar que seguirá siendo clave la publicidad en el sostenimiento del conjunto de la industria de contenidos. El papel que están desempeñando las plataformas internacionales en la consolidación del sector de cara a visualizar las obras españolas en el mundo está siendo fundamental. En el fondo se trata de incrementar los ingresos por la vía de las exportaciones y ensanchar el mercado.

También debemos añadir que el sector audiovisual es un elemento clave de globalización, pues los contenidos ligados a la cultura y el entretenimiento viajan de forma más rápida por el mundo provocando también la reacción contraria a favor de la diversidad cultural y de la protección de las diferentes culturas. Sin duda, existen unas «culturas del vídeo» en cada país o región, con niveles diferentes de

---

[10]  Cerezo, P. (2024). Op. cit.

satisfacción de la oferta, que han permitido influencias diferentes en la irrupción del *streaming*.[11] En el caso español, con niveles muy altos de consumo audiovisual y un crecimiento espectacular de la oferta, se ha producido un inesperado equilibrio entre los diferentes operadores y una demanda que se mueve con agilidad de acuerdo a sus preferencias.

Y simultáneamente, ese sector se encuentra en una reacomodación permanente ante el cambio tecnológico que permeabiliza la producción, la distribución y el consumo. Sobre todo, los nuevos desarrollos como la inteligencia artificial nos impiden ver la magnitud del cambio y sus consecuencias.

El pasado también nos enseña que la lógica de hipercompetencia suele terminar en concentración empresarial, bien por fusiones o alianzas entre empresas o bien por desaparición de otras muchas que no pueden adaptarse al cambio. El camino del éxito es «la adopción de modelos y estrategias de negocio que utilicen datos, atraigan audiencias y cocreen valor a través del contenido».[12] El juego está abierto y las compañías deberán adaptar su estrategia competitiva con una visión orientada hacia sus clientes, hacia los cambios regulatorios y la disrupción tecnológica.

Estamos ante una reestructuración revolucionada de la cadena de valor tradicional sin adivinar su alcance.[13] Quizá sea demasiado pronto o falte perspectiva. Esta supone una transformación radical de los medios tradicionales,[14] un potencial sin parangón de los usuarios como creadores de contenidos (sin cocreación es difícil entender el

[11] Kang, J. M., & Lotz, A. D. (2023). Relocating video cultures. *International Journal of Cultural Studies*, 0(0). https://doi.org/10.1177/13678779231202545.

[12] Chan-Olmsted, S., & Wang, R. (2019). Shifts in Consumer Engagement and Media Business Models. In M. Deuze & M. Prenger (Eds.) *Making Media: Production, Practices, and Professions* (pp. 133-146). Amsterdam: Amsterdam University Press, pág. 144.

[13] Lotz, A. D. (2018). *We now disrupt this broadcast: How cable transformed television and the internet revolutionized it all*. Boston: MIT Press.

[14] Deuze, M., & Prenger, M. (Eds.) (2019). *Making media: Production, practices, and professions*. Amsterdam: Amsterdam University Press.

cambio)[15], nuevas relaciones de poder entre los creadores y las redes sociales.[16]

Paralelamente, nos encontramos ante importantes retos y riesgos: la «plataformización» de la economía, la falta de transparencia de los algoritmos,[17] la desinformación impulsada desde diferentes ámbitos,[18] la mediación de los datos,[19] la complejidad de la regulación en el ecosistema,[20] las herramientas de *marketing* de los *influencers*,[21] las interrelaciones del entreteniendo y las redes sociales[22], y un largo etcétera. Retos que están en relación con la diversidad cultural, el pluralismo informativo y las brechas sociales y, en definitiva, con una mayor calidad democrática.

---

[15] Cunningham, S. y Craig, D. (eds.) (2022). Creator Culture: An Introduction to Global Social Media Entertainment. New York: New York University Press y Álvarez, J. M. y Santin, M. *The marketing of UGC, media industries and business influence: the Hydra of Lerna and the Sword of Heracles*, pp. 19-38, en Álvarez-Monzoncillo, J. M. (2022). The Dynamics of Influencer Marketing. A Multidisciplinary Approach. London: Routledge.

[16] Kopf, S. (2020). "Rewarding Good Creators": Corporate Social Media Discourse on Monetization Schemes for Content Creators. *Social Media + Society, 6*(4). https://doi.org/10.1177/2056305120969877

[17] Esteves, J. *The power of algorithms and keys of participation*, pp. 39-59, en Álvarez-Monzoncillo, J. M. (2022): The Dynamics of Influencer Marketing. A Multidisciplinary Approach. London: Routledge. ISBN: 9780367678906.

[18] Park, S., & Lee, J. Y. (2023). Incidental News Exposure on Facebook and Its Relation to Trust in News. *Social Media + Society, 9*(1). https://doi.org/10.1177/20563051231158823

[19] Powell, A. (2019). The mediations of data. In Curran, J. & Hesmondhalgh, D. (Eds.), Media and society, (6th ed.) (pp. 121-138). London: Bloomsbury Academic.

[20] Ranaivoson, H.; Broughton Micova, S.; Raats, T. (2023). *European Audiovisual Policy in Transition*. London: Routledge.

[21] Bishop, S. y Bhaskar, M. (2021). Influencer Management Tools: Algorithmic Cultures, Brand Safety, and Bias. *Social Media + Society, 7*(1). https://doi.org/10.1177/20563051211003066

[22] Cunningham, S., & Craig, D. (2019a). *Social media entertainment: The new intersection of Hollywood and Silicon Valley*. New York: New York University Press.

Un comentario aparte merece el poder de la IA en su potencial en el ámbito de los medios y en la industria de entretenimiento. El reto es realmente espectacular pues cuestiona la propia industria. Básicamente, la realidad desaparece y es sustituida por otra que abre caminos insospechados. Un gran dilema. La regulación no parece que vaya a ser suficiente.[23]

---

[23]   Suleyman, M. (2023). *La ola que viene.* Debate. Madrid.

# 2.

# Hipótesis del estudio

El sector audiovisual español ha ganado competitividad en los últimos diez años por la mejora de su reputación internacional, dado el incremento de su visibilidad por el potencial de la distribución global de las plataformas SVOD. Esa competitividad se debe también a la creciente rivalidad entre todos los actores que operan en el mercado y a su alta capacidad de innovación basada en la creatividad, la gestión y la tecnología. Un ecosistema altamente segmentado pero equilibrado y diverso en su oferta de contenidos, y en la satisfacción de la demanda que permite visualizar un futuro prometedor como creador de riqueza y empleo en España en los próximos años.

La innovación tecnológica de los operadores más importantes ha mejorado las habilidades de sus colaboradores y ha incrementado la productividad del conjunto del ecosistema. El sector de producción se caracteriza por un gran dinamismo y un gran nivel de innovación creativa, un entorno altamente competitivo y, en muchos aspectos, disruptivo.

Y, por último, existe una oportunidad de negocio en los mercados internacionales por el incremento de los recursos del sector, de la productividad y de la mejora de la reputación internacional del audiovisual español.

# 3.

# Metodología

El análisis de la competitividad del ecosistema audiovisual español se basa en los datos oficiales disponibles de los ingresos, las exportaciones y empleo del sector audiovisual; en una encuesta internacional de percepción de las obras audiovisuales españoles[24], en entrevistas a los proveedores estratégicos de Netflix sobre la innovación tecnológica, y, por último, en un análisis de los factores clave del éxito (FCE) de Netflix tanto por ser la empresa líder en el negocio de la televisión por suscripción, como por ser la responsable del incremento de la visibilidad internacional de los últimos años.

Para la realización de la encuesta de opinión se ha utilizado una escala Likert, un método de investigación psicométrica que ayuda a

---

[24] **Ficha técnica de la encuesta**:
**Marco muestral**: 188 prescriptores de opinión del ámbito internacional audiovisual.
**Muestra**: 51 encuestados.
**Margen de error**: 11,7 % para un nivel de confianza del 95 %.
El universo de prescriptores se ha acotado teniendo en cuenta su relevancia en la formación de la opinión de los espectadores de las obras audiovisuales españolas. Aunque la tasa de respuesta obtenida no ha sido muy alta, es suficiente para obtener una muestra representativa, ya que los encuestados que han participado pertenecen a un amplio abanico de instituciones y organizaciones que se seleccionaron por su relevancia. Podemos afirmar, por tanto, que los resultados obtenidos cumplen los requisitos de representatividad confirmado además por la escasa dispersión de las respuestas, ya que la mayoría de las opiniones se ubican en el extremo positivo de la escala, siendo las respuestas «muy de acuerdo» y «de acuerdo» las que predominan en todos los ítems del cuestionario.

evaluar las conductas, creencias, valores e ideales de una persona o una población mediante categorías cerradas. En este caso, se ha utilizado la escala de 1 a 5, donde 1 significa «nada de acuerdo», 2 «en desacuerdo», 3 «ni de acuerdo ni en desacuerdo», 4 «de acuerdo» y 5 «totalmente de acuerdo». El valor 3 indica más bien indiferencia respecto a una variable y es el valor que no se asocia ni con positivo ni con negativo y se elige por el encuestado cuando éste no tiene una opinión formada sobre un asunto o este asunto le es indiferente.

Algunos expertos consideran que la escala de Likert es una escala ordinal, es decir, que solo indica el orden de las preferencias de los encuestados, pero no la distancia entre ellas. Por ejemplo, no podemos decir que la diferencia entre estar «muy de acuerdo» y «estar de acuerdo» sea la misma que entre «estar de acuerdo» y «estar en desacuerdo». En este caso, no sería adecuado aplicar la media estadística, ya que esta medida asume que los datos son de escala de intervalo, es decir, que tienen la misma distancia entre cada valor. En su lugar, se recomienda utilizar otras medidas de tendencia central, como la mediana y la moda.

Sin embargo, otros expertos argumentan que la escala de Likert puede tratarse como una escala de intervalo si se cumplen ciertas condiciones, como que las preguntas sean claras y concretas, que las opciones de respuesta sean equilibradas y simétricas, y que haya suficientes datos para obtener una distribución normal. En este caso, se podría aplicar la media estadística para obtener una media de la actitud o el comportamiento de los encuestados. No obstante, hay que tener cuidado al interpretar los resultados y tener en cuenta las limitaciones y los supuestos de este método.

Teniendo en cuenta estas consideraciones metodológicas sobre esta escala, se ha considerado que es adecuada para la finalidad de esta encuesta, ya que, en este caso, no se va a calcular la media, sino que se van a mostrar los resultados de manera descriptiva con los porcentajes de respuesta para cada valor, de manera que se vea gráficamente hacia qué lado de la escala se balancean las opiniones, dado que la hipótesis de la investigación es que la opinión mayoritaria de los encuestados se va a decantar hacia los valores positivos de la escala.

Las entrevistas a los proveedores clave de Netflix se han centrado en el análisis de la transferencia de conocimiento que realiza la plataforma sobre avances de los efectos visuales (VFX) y la postproducción al conjunto del ecosistema audiovisual español (ver Anexo 3).

# 4.

# La competencia en el mercado audiovisual español: oferta, demanda y recursos

Existen muchas formas de medir la competitividad. No es lo mismo medir la competitividad de un país, de un sector o de una empresa. Unas veces se requiere un abordaje micro, y otras, uno macro. A nivel industrial puede medirse en términos de la rentabilidad que generan las empresas, la balanza comercial de una industria determinada, el balance entre la inversión extranjera directa y mediciones de costo y calidad. Es evidente que la competitividad de un sector está estrechamente relacionada con su productividad. Sus productos tendrán mejor aceptación por el mercado. Su precio, sus características, su diseño, su marca, etc., son variables determinantes.

En consecuencia, la productividad depende de muchos factores y hay muchos métodos para medirla, pero habitualmente no hay información suficiente para hacerlo con precisión. Entre esos factores pueden destacarse los siguientes: capital humano, talento y entorno laboral, acceso a las tecnologías y su proceso de asimilación, eficiencia de la gestión, infraestructuras, gestión financiera y del *marketing*, relaciones con los poderes públicos, condiciones del entorno, medidas de protección y ayudas públicas directas e indirectas, calidad de los bienes y servicios, innovación, creación de valor, responsabilidad social, exportaciones, logística, ética en la toma de decisiones, etc. Hay algunos indicadores objetivos fáciles de medir, pero otros son subjetivos y de difícil cuantificación. De ahí la dificultad. Se suele dar por hecho que si los ingresos, las exportaciones y el empleo crecen, el sector mejora su competitividad.

Este estudio no pretende analizar todas esas variables, pero sí muchas de ellas para tener una medida bastante precisa de la competitividad del ecosistema audiovisual español. Tampoco se pretende realizar un análisis de la ventaja competitiva del modelo de Porter, ni un DAFO o un PESTEL, ni aplicar ningún otro modelo al uso. Como ya se ha explicado en el apartado anterior, se analizará la competitividad del sector audiovisual mediante una encuesta de percepción internacional, los datos oficiales disponibles y un análisis de los factores clave el éxito (FCE) como estudio de caso de Netflix, por ser la empresa líder en el negocio de la televisión por suscripción.

Además, en el nivel microeconómico existen aspectos interrelacionados que actúan de manera constante, incrementando la productividad y a su vez la competitividad. Estos son: la calidad del entorno microeconómico de los negocios, la sofisticación de las operaciones estratégicas de la empresa y el desarrollo de los *clusters*, que en el caso del audiovisual español no están configurados para actuar como tales dentro de un círculo virtuoso, aunque ya han empezado a crearse y diseñar líneas de trabajo.

Detrás de la ganancia de competitividad está la apertura del mercado a la competencia, no tanto por la regulación que apenas ha cambiado, sino por la disrupción de Internet. La competencia internacional ha mejorado notablemente la calidad de las obras audiovisuales. La apertura comercial con la entrada de las plataformas OTT ha favorecido el proceso de difusión de los conocimientos y de inversión en la capacitación y formación de habilidades. China es un ejemplo macro de las ventajas de la apertura comercial y de la inversión en producción.

Vayamos primero a la situación del mercado, es decir a la oferta y a la demanda. La demanda se caracteriza por los siguientes factores:

- Incremento del consumo de las horas de televisión, tanto de televisión convencional por encima de las tres horas diarias, como del consumo de las plataformas SVOD y OTT, cuyos suscriptores crecen de forma espectacular, a pesar de algunos altibajos generados por la pandemia.

- Importante segmentación del consumo por edades y por las variables sociodemográficas y socioculturales clásicas.
- Migración constante de la televisión convencional al consumo no-lineal y bajo demanda.
- Mayor gasto per cápita en ocio audiovisual.
- Fuerte inversión en contenidos, lo que indica que estamos en una «época dorada para los contenidos»[25], aunque otros hablan de burbuja de los contenidos o *peak tv*.[26]

A pesar de no saber si la oferta genera la demanda o viceversa, es evidente que la oferta ha crecido de forma considerable en los últimos años. Ha habido una importante explosión en la oferta de servicios de VOD, de las televisiones convencionales y de las plataformas SVOD, que a su vez han invertido en tecnología de distribución de contenidos, como las Redes de Distribución de Contenidos y Proveedores de Servicios de Internet (PSI).[27]

Tras la llegada y expansión de las plataformas de SVOD a nivel mundial a partir de 2015, las televisiones tradicionales europeas han seguido innovando: «servicios de televisión en diferido (*catch-up*)», e invirtiendo en encargos para estrenos en VOD y en gestión de contenidos de catálogo.

Las entidades de radiodifusión tradicionales y los proveedores de SVOD también están innovando con respecto a la distribución de contenidos, invirtiendo en soluciones tecnológicas que mejoren la efi-

---

[25] Oliver, & Ohlbaum Associates (2022). Las fuerzas del mercado están creando un ecosistema audiovisual europeo equilibrado ... y está en auge. https://www.oando.co.uk

[26] En 2015, John Landgraf, presidente del canal estadounidense FX, acuñó el término *peak tv* cuando creía que la industria estaba generando demasiadas series como para que todas tuvieran su cuota de atención, una «burbuja del entretenimiento».

[27] El OEA indica que en junio de 2022 los europeos tuvieron acceso a una media de 99 servicios de VOD en sus países, entre los que se incluyen 27 plataformas de SVOD.

ciencia de la distribución en línea de los medios. Esto incluye una inversión en Redes de Distribución de Contenidos (CDN) propias y de terceros, que ahorran costes de ancho de banda a los PSI y reducen la congestión; y en una creación de paquetes y una codificación de contenidos eficientes que permiten ofrecer vídeo de calidad a velocidades de bits más bajas.[28]

Pese a la competencia entre los agentes tradicionales y las nuevas formas de consumo se ha producido una virtuosa complementariedad entre ambas, mejorando la calidad de los contenidos y satisfaciendo la demanda existente. De hecho, esta competencia y la que existe entre los proveedores de contenido, ha beneficiado a las productoras independientes que han visto incrementar su facturación. Las tecnologías de postproducción y los efectos especiales están abaratando costes en muchos casos y reforzando la deslocalización en busca de nuevas sinergias y reducción de costes de forma acelerada. Todo ello ha beneficiado a España y, sobre todo, ha ayudado a mejorar la calidad de los contenidos.

Esto ha permito incrementar notablemente la competitividad del sector simultáneamente al incremento de la inversión en producción de los agentes globales. La inversión en producción audiovisual en España ha subido de los 328 millones de 2015 a los estimados 850 millones euros para el año 2023.[29]

Esta partida no tiene en cuenta el coste de los informativos, los derechos deportivos y la compra de producción extranjera (programas importados). Es decir, tan solo se consideran dos partidas: la ficción (series, películas, etc.) y otros programas (como telerrealidad, concursos o *talk-shows*). En el mercado español solamente un grupo relativamente pequeño de productoras producen de forma conti-

---

[28] Oliver, & Ohlbaum Associates (2022). Las fuerzas del mercado están creando un ecosistema audiovisual europeo equilibrado . . . y está en auge. https://www.oando.co.uk

[29] Álvarez, J. M., López, J. y Baraybar, A. Audiovisual production in Spain. Fewer resources, same problems, new challenges, *Economia della Cultura*. Anno XXV, Nº 2, 2015. Pgs. 211-222. ISSN: 1122-7885. DOI:10.1446/81241 e Infocent.

nuada y poseen la capacidad para abordar cualquier proyecto para aminorar el riesgo que es muy alto en este sector. Pero la globalización es galopante, y la producción española sale cada vez más al mercado internacional, consciente del potencial cultural de nuestro país, así como por la necesidad de buscar nuevos mercados que permita incrementar los costes de producción para poder competir y mejorar la cuenta de resultados.[30] El aumento de la inversión en contenido original europeo por parte de los *streamers* globales ha beneficiado principalmente a España y, en menor medida, a Reino Unido. España depende fuertemente de los *streamers* globales, cuyas inversiones representan el 38 % de todas las inversiones en contenido en español. Alemania y Francia, por el contrario, parecen estar rezagados en términos de capacidad para capturar la inversión mundial en *streamers*.[31]

Con el aumento del número de proveedores de contenido y de la competencia por la audiencia, las productoras europeas se están beneficiando. Aparecen nuevas oportunidades de producir y distribuir su trabajo, tanto localmente como en los mercados emergentes casi inalcanzables hace unos años. Y todo apunta a que estamos ante un aparente equilibrio geoestratégico: «las fuerzas del mercado europeas están creando un equilibrio de contenidos y servicios locales, regionales y mundiales».[32] Pero no parece que haya una relación entre el incremento de la oferta y la satisfacción de la demanda en torno a la calidad de los contenidos, sino a otras variables.[33]

---

[30]  Álvarez, J. M., López, J. y Baraybar, A. Audiovisual production in Spain. Fewer resources, same problems, new challenges, *Economia della Cultura*. Anno XXV, Nº 2, 2015. Pgs. 211-222. ISSN: 1122-7885. DOI:10.1446/81241 e Infocent.

[31]  European Audiovisual Observatory. YearBook 2022/2023 Key Trends (https://rm.coe.int/yearbook-key-trends-2022-2023-en/1680aa9f02)

[32]  Oliver, & Ohlbaum Associates (2022).

[33]  Cristina Etayo, Alberto Bayo-Moriones, & Alfonso Sánchez-Tabernero (2023). The Growth of the offer and the Perceptions of Television Content Quality, *Journal of Media Business Studies*, 20:1, 1-26, DOI: 10.1080/16522354.2021.1984159

En España se mantienen los ingresos de las cadenas TDT porque la inversión publicitaria se está poco a poco recuperando después del parón de la pandemia, las subvenciones mantienen el entramado de las televisiones públicas y solamente la taquilla de cine se resiste a subir con cierto dinamismo. La sala de cine se enfrenta a una importante crisis que lleva arrastrando décadas por los evidentes cambios en los hábitos de consumo y otros factores como la calidad de los monitores, el casi estreno simultáneo en todas las ventanas y la capacidad de elección de las películas en el entorno de Internet entre una abundante oferta. En la tabla 1 se puede ver la evolución de los ingresos del sector audiovisual:

*Tabla 1 Evolución de los ingresos (2012-2024). En millones de euros*

| | 2012 | 2014 | 2015 | 2018 | 2021 | 2024 e |
|---|---|---|---|---|---|---|
| Ingresos *pay-tv* | 1.747 | 1.742 | 2.067 | 2.162 | 2.003 | 2300 |
| Subvenciones | 2.025 | 1.669 | 1.610 | 1.750 | 2.200 | 2600 |
| Inversión publicitaria | 1.815 | 1.890 | 2.011 | 2.127 | 1.791 | 2000 |
| Abonados a las TV pago | 4,2 | 5,1 | 5,5 | 6,2 | 9,1 | 12 |
| Consumo diario (en min.) | 246 | 239 | 234 | 237 | 214 | 230 |
| Smart TV online (% hog.) | - | 6,6 | 7,8 | 20 | 33 | 69 |
| Abono Pay TV (% hog.) | 21,6 | 37 | 24,8 | 29 | 37 | 63 |
| Ingresos de taquilla | 94,2 | 88 | 96,1 | 98,9 | 41,7 | 73 |

**Fuente:** *Elaboración propia con datos de AIMC, CNMC, Infoadex, Kantar Media e ICAA.; e:estimación.*

Los creadores de contenidos son de diversos tamaños, pero hay una alta dinámica de colaboración entre grandes y pequeñas productoras. En realidad, existen tres grandes grupos de productoras: aquellas que tienen una gran facturación y que suelen realizar formatos internacionales muy consolidados, empresas de menor tamaño que colaboran con los operadores de televisión y, por último, un gran número de pequeñas y medianas empresas que trabajan también para la televisión, pero en programas más baratos en entornos regionales. Existe una gran competencia entre todas ellas para llevar a las cadenas y plataformas proyectos de interés. Sus armas son la innovación, la originalidad y los costes de producción.

Esa combinación fomenta la resiliencia y la renovación creativa del sector de la producción. La competencia en contenidos entre distintos tipos de inversores contribuye a una mayor flexibilidad y variedad de condiciones en materia de financiación y PI (propiedad intelectual).[34] La fórmula es muy sencilla: mientras suban los ingresos de todas las partidas, se incrementará la inversión en producción. Si además vienen otros ingresos de los mercados internacional la espiral positiva se refuerza. Evidentemente existen también importantes problemas en el sector de producción ya que el nivel de defunción entre las pequeñas es alto y otras muchas tienen dificultades para mantener el *break-even*. Es decir, el fenómeno *Growth is a rising tide that lifts all boats* funciona. Y hay motivos para ser optimistas: los ingresos del sector y las exportaciones subirán en los próximos años. Por lo general, los ingresos por anuncios en televisión se mantienen y las cadenas están innovando en tecnología publicitaria, pero el verdadero incremento de los ingresos procede de la suscripción o de los sistemas mixtos.

Los nuevos operadores necesitan de más contenido para satisfacer la creciente demanda lo que provoca una fuerte competencia entre operadores y proveedores que fomentan un sector dinámico que «permite a las productoras formar un portfolio de proyectos entre entidades que encargan productos, con una variedad de condiciones a fin de hallar un equilibrio entre financiación y seguridad jurídica y

---

[34] De cara al periodo 2022-2026, en los seis países de nuestra comparativa se prevé un aumento global de la inversión en contenidos total de las televisiones tanto de señal abierta (FTA, del inglés *Free To Air*) como de pago (si bien con alguna variación entre países), a la vez que se espera un aumento significativo de la inversión en SVOD4, en pro de una clara tendencia al alza que sugiere que la inversión en SVOD es suplementaria.

la posibilidad de conseguir un *hit*»[35]. Las grandes productoras logran beneficiarse de las economías de escala, aumentar su presencia paneuropea y competir a nivel internacional. Por su parte, las empresas de menor tamaño que acceden al mercado contribuyen a la «renovación creativa» del sector.

El gasto de los consumidores está mostrando cierto dinamismo en Europa y continúa creciendo a pesar del COVID-19 y sus secuelas. En promedio, aumentó un 2,9 % anual entre 2017 y 2021, o un 5,5 % sin incluir la taquilla del cine. El crecimiento estuvo obviamente impulsado por los servicios bajo demanda (32 % de crecimiento anual), mientras que la TV de pago se mantuvo estable, el cine se vio profundamente afectado por la crisis del COVID y el video físico siguió su tendencia a la baja.[36]

Las barreras de entrada en el sector son muy elevadas por los altos costes y porque los difusores tienen tendencia a trabajar con los que conocen y no con las nuevas empresas. A pesar de eso, aparecen empresas nuevas que tratan de encontrar un hueco en el sector, no solo como productoras sino también como empresas que pretenden dar un servicio. Normalmente aparecen nuevas productoras que hacen su primera película o empresas muy especializadas para prestar un servicio determinado. Al ser muy altas las barreras de entrada, los nuevos entrantes solo pueden innovar por medio de la especialización y la creatividad, lo que fomenta todavía más el círculo virtuoso de la competencia y la innovación del sector.

Esto también tiene una contrapartida ya que las empresas muy pequeñas no pueden salir a los mercados internacionales. Para poder competir necesitan colaborar por medio de fusiones o *joint ventures*, dedicar más capital para nuevos proyectos y buscar sinergias entre

---

[35] Oliver, & Ohlbaum Associates (2022). Las fuerzas del mercado están creando un ecosistema audiovisual europeo equilibrado ... y está en auge. https://www.oando.co.uk

[36] European Audiovisual Observatory. YearBook 2022/2023 Key Trends (https://rm.coe.int/yearbook-key-trends-2022-2023-en/1680aa9f02).

ellas. Mucho se ha hecho hasta ahora en este sentido en Europa en los últimos años.[37]

Las diferentes ofertas de pago por consumo están financiando muchas películas, aunque las ayudas públicas a la producción siguen siendo clave. Los catálogos de las plataformas están cambiando permanentemente. Las obras europeas (películas y temporadas de televisión) constituyeron el 32 % de todas las obras que se encuentran en los catálogos de VOD; las obras de la UE27 representan el 21 % de todas las obras y otras obras europeas el 11 %, mientras que el producto norteamericano supone un 49 %.[38]

La irrupción de las plataformas SVOD, lideradas por Netflix, ha incrementado las oportunidades de negocio para muchas productoras y se ha asentado una nueva ventana de amortización que ha ayudado a los operadores clásicos de televisión a mejorar sus ingresos. Existen acuerdos importantes entre los operadores de TTD y SVOD y con productoras como fuentes importantes de creación de contenidos con una elevada innovación creativa de acuerdo con cada proyecto. En casi todos los mercados se ve el potencial de Netflix, no tanto como productor, que también, sino como distribuidor.[39] La capacidad de los *streamers* globales de distribuir contenido de industrias débiles es increíble.

Como ya se ha señalado, la colaboración entre productoras genera economías de escala, facilitando la gestión de riesgos y consistencia en los beneficios, permitiéndoles aprovechar oportunidades del

---

[37] En los últimos años, hemos asistido a la adquisición por parte de la francesa Mediawan (*Call my agent!*) de la española Good Mood (Deudas); el establecimiento por parte de la francesa Federation Entertainment (The Bureau) de una red de productoras independientes de toda la UE; la adquisición por parte de Newen (TF1) de la alemana Flare Film (*Everything will change*); y la adquisición por parte de Fremantle, parte de RTL Group, de 12 productoras establecidas en los países nórdicos de NENT Studios (The Farm).

[38] European Audiovisual Observatory. Film and content in TVOD, SVOD and FOD catalogues. Edition 2022. (https://rm.coe.int/vod-catalogues-2022-film-and-tv-content-2022-edition-c-grece/1680a9b5d7).

[39] Wayne, M. L. (2020). Global streaming platforms and national pay-television markets: a case study of Netflix and multi-channel providers in Israel. *The Communication Review*, *23*(1), 29-45.

mercado tales como aprender a adaptar los contenidos a la distribución o aumentar su presencia paneuropea, lo que aumenta la fortaleza y resiliencia de los grupos europeos. En 2020, 5541 productoras diferentes estaban activas en la producción de películas y series de televisión europeas originales. Pero las 10 primeras concentraron el 27 % de todos los títulos y el 35 % de todas las horas producidas, y las 20 primeras el 36 % y el 51 %, respectivamente. El crecimiento de los principales grupos de producción de televisión, independientes o no, va de la mano de la ampliación de su presencia, a menudo a través de la adquisición de empresas de televisión locales.

Este crecimiento de la inversión, la cooperación y la cada vez mayor presencia internacional del audiovisual español está reforzando al sector de producción. Este contribuye a la renovación creativa con nuevas ideas y nuevos enfoques, y muchas veces, nuevas formas de trabajar. Una reciente investigación señalaba que

> los mercados internacionales (re)aparecen como una esperanza, al tiempo que promesa, de oportunidad estratégica: una mayor y mejor proyección internacional, aupada por los recursos provenientes de los fondos de recuperación europeos, puede redundar positivamente tanto en la imagen como en el volumen de negocio de la industria audiovisual española.[40]

España es un ejemplo de ese resurgir industrial del sector del entretenimiento. Un reciente estudio señalaba que la entrada de operadores *streaming* había impactado positivamente en la creatividad del proceso de producción. También se señalaba que la demanda de talento artístico local y la actividad de producción audiovisual para televisión en España ha aumentado y que los programas ahora se distribuyen en otros países. Este mismo estudio señala que el *big data* no limita la creatividad y la innovación en el mercado español. [41]

---

[40] García Leiva, T. (2022). «La proyección internacional del audiovisual español», pp. 14-41, en Ballesteros, I. Informe sobre el estado de la cultura en España 2022. Fundación Alternativas. Madrid.

[41] Medina, M., Diego, P. and Portilla, I. Are Video Streaming Platforms Stifling Local Production Creativity? The Spanish Case, Creativity. Theories

El mercado audiovisual está mejorando no solo por el incremento de los ingresos, sino también por el apoyo decidido de todas las administraciones a las sinergias del sector con otras actividades centrales para la economía española como el turismo. El proyecto HUB Audiovisual, el proyecto *Net Generation* y la desgravación fiscal como fórmula de apoyo a la inversión así lo demuestran.

El número de series se ha multiplicado por tres en los últimos años y alguna de ellas ha tenido una resonancia internacional impensable hace unos años. Según la 22ª edición del informe *Entertainment and Media Outlook* 2021-2025 de PwC, los ingresos del sector en España crecerán un 5,3 % hasta 2025, cuando alcanzarán los 31 737 millones de euros, impulsados, principalmente, por el buen comportamiento de distintos subsectores, entre los que destacan el vídeo bajo demanda y la publicidad en Internet. Se espera que hasta el 2026, la tasa de crecimiento anual en inversión de los operadores SVOD crezca el 15,4 % anual. Crecerá el consumo televisivo no lineal en detrimento del consumo lineal. Según una reciente encuesta, el 80 % de los españoles está suscrito a una o más plataformas y un 54 % de los encuestados reconocía contar con entre 2 y 4 suscripciones de vídeo bajo demanda lo que nos sitúa claramente por encima de la media europea.[42] Sin embargo, la cuota de audiencia de la televisión lineal sigue siendo mayoritaria (83,8 %) frente al consumo *online* (16,2 %). Netflix ocupa la primera posición, con un 5,1 % de audiencia sobre el total del consumo de vídeo online. Le siguen YouTube (4,2 %), Prime Video (2,5 %), Disney (1,3 %), HBO Max (0,6 %) y Otros (2,6 %).[43]

Las desgravaciones fiscales y las inversiones de las plataformas están detrás de esta recuperación de la industria audiovisual. Las Agrupaciones de Interés Económico permiten incentivar la inversión en producción audiovisual por medio de las desgravaciones. Esta

---

- Research - Applications, vol. 9, no. 2, 2022, pp. 138-155. https://doi.org/10.2478/ctra-2022-0015

[42] https://www.oliverwyman.com/our-expertise/insights/2023/feb/the-media-landscape-and-its-impact-in-digital-consumption.html

[43] Datos de Kantar Media referidos al mes de diciembre de 2023.

no para de crecer en los últimos años.[44] También se están atrayendo muchos rodajes a España gracias a las políticas fiscales, lo que permite también, en muchos casos, movilizar recursos humanos y técnicos, y no solamente los gastos asociados a la estancia de los equipos.[45] Todo ello ha sido posible por la agilización de visados, permisos laborables y, en general, una regulación más equilibrada.

La creciente competitividad del sector permite una mayor flexibilidad en todo tipo de contratos para colaborar en diferentes proyectos. Los contratos con las plataformas SVOD son bastante flexibles para la difusión mundial.

A menudo los proveedores de televisión de pago han elevado su inversión en géneros relevantes a nivel local, a la vez que han tratado de competir con las grandes televisiones nacionales y con proveedores de SVOD mundiales en ficción seriada de calidad. Existe un aumento de la inversión total en contenidos en todos los mercados que comparamos, liderado por los proveedores de SVOD. Las exportaciones europeas de audiovisual han estado creciendo a una tasa del 26,5 %. En el caso de España el incremento durante los años 2019-2021 fue del 25 %.

La constante aparición de nuevos canales de distribución y el afán por captar audiencia y abonados hace presagiar un incremento de la competitividad y de la calidad de las obras audiovisuales que poco a poco irán ganando visibilidad internacional porque, de forma creciente, las diferentes plataformas distribuyen más contenido para atender el incremento de la demanda internacional. A pesar de que pueden existir en el futuro turbulencias en el mercado vinculadas al clima

---

[44]  En la actualidad, estas ventajas fiscales para la producción cinematográfica y audiovisual, se encuentran en el artículo 36 de la Ley 27/2014 del Impuesto de Sociedades, en la redacción dada por la Disposición Final Primera del Real Decreto-Ley 17/2020, con efectos desde el 1 de enero de 2020. Esta norma prevé una deducción del 30 % del primer millón de la base de deducción y del 25 % sobre el exceso, para inversiones en producciones de largometrajes y cortometrajes.

[45]  https://www.eldiario.es/cultura/cine/espana-hollywood-europa-85-beneficios-fiscales-cine-son-producciones-extranjeras_1_10107815.html

económico general, el sector audiovisual europeo es, en términos generales, dinámico y pujante.[46]

La migración digital ha supuesto un incremento de la competitividad del sector audiovisual español. El ecosistema es altamente cambiante porque existe una gran competencia en la lucha por la audiencia y por las suscripciones, además de los cambios lógicos del entorno por la fuerte innovación existente. Y la clave del negocio es producir contenidos atractivos para los diferentes públicos.

Todos los operadores tienen gran parte de su producción externalizada lo que hace que las productoras de todos los tamaños traten de crear nuevos formatos, de innovar mediante nuevas ideas que conecten con los gustos del público. Los operadores en abierto tratan de vender contenidos en plataformas VOD, las plataformas de SVOD innovan para introducir publicidad en su oferta (AVOD) mientras compiten por el público.

Ese círculo se mueve en un entorno global inflacionista y cambiante. Por eso se habla de forma recurrente de la resiliencia del sector en un ambiente de «destrucción creativa» y de renovación constante. Una permanente canibalización de señas de identidad de diferentes tipos de televisiones . . . y de un borrado de fronteras de una parcelación inexistente de los modelos de televisión.[47]

En España, todas las productoras de contenidos colaboran con profesionales autónomos y empresas pequeñas que escriben historias o derivaciones de diferentes formatos con el fin de ser lo más innovadores posible y externalizar al máximo. Esa intracolaboración contribuye a la resiliencia y la renovación creativa del sector de la producción. También influye el hecho de que los inversores aportan flexibilidad y variedad en la financiación. La cadena de suministro debe considerar

---

[46] Oliver, & Ohlbaum Associates (2022). Las fuerzas del mercado están creando un ecosistema audiovisual europeo equilibrado . . . y está en auge. https://www.oando.co.uk

[47] García, J. V. y Rodríguez, M. (2022). *Marketing cinematográfico y de series.* UOC. Barcelona.

como estrategia competitiva tener en cuenta factores de interacción.[48] Todo ello construye un círculo virtuoso de gran competencia que nos permite considerar la productividad del sector audiovisual como alta en el escenario internacional.

En conclusión, el sector audiovisual europeo está alcanzando un nuevo equilibrio de contenidos y servicios locales, regionales y mundiales, con elevados niveles de inversión en contenidos y servicios que pueden beneficiar a todos los eslabones europeos de la cadena de valor, a los consumidores europeos y a la imagen de la cultura y los idiomas europeos, tanto en la región como a nivel internacional.[49] En España, la situación es semejante porque son las mismas tendencias las que están transformando la industria.

Desde la perspectiva del comprador, la oferta de contenidos es elevada, la inversión total en contenidos y la demanda internacional es considerable. Más que nunca, estas condiciones han generado oportunidades de negocio para producir y distribuir contenidos.

Prevemos que la inversión en contenidos siga aumentando en todos los medios hasta 2026, y que el SVOD crezca de manera sustancial. El desarrollo de nuevos canales de distribución puede contribuir a que sigan evolucionando las condiciones de los acuerdos entre las entidades que encargan productos y las productoras. Un sector dinámico que permite a las productoras diversificar su cartera y crear un portfolio que les permite aminorar los riesgos empresariales que conlleva la producción. Como fruto de esa competencia y la selección de los rodajes en lugares con fuertes desgravaciones fiscales, se están incrementando los costes de producción al tener que mover el personal técnico de los lugares habituales.

---

[48] Aldana, J. C., y Bernal, C. A. *Soft factors in the management of integration supply chains and/or networks: Approximation to a conceptual model*, https://doi.org/10.4067/S0718-07642018000200010, Inf. Tecnológica, 29(2), 103-114. (2018).

[49] Oliver, & Ohlbaum Associates (2022). Market Forces are Creating a Balanced European AV Ecosystem - And it is Booming. https://www.oando.co.uk

Según el Anuario de Estadísticas Culturales 2022[50], las exportaciones «audiovisuales» no han parado de crecer en los últimos años (solamente se vio reducido en 2021 por los efectos del COVID-19). En la tabla 2 puede observarse la evolución de la balanza comercial española entre 2012-2024.

*Tabla 2 Balanza comercial audiovisual española (2012-2024)*
*Millones de euros*

|  | Importaciones | Exportaciones |
|---|---|---|
| 2012 | 447 | 96 |
| 2013 | 467 | 110 |
| 2014 | 518 | 129 |
| 2015 | 508 | 112 |
| 2016 | 743 | 297 |
| 2017 | 1248 | 670 |
| 2018 | 1031 | 726 |
| 2019 | 895 | 774 |
| 2020 | 962 | 821 |
| 2021 | 1198 | 773 |
| 2023 (e) | 1300 | 900 |
| 2024 (e) | 1350 | 1000 |

**Fuente**: *Anuario de Estadísticas Culturales, 2022, y elaboración propia.*

Estas cifras hay que analizarlas en el contexto de las pujantes industrias culturales españolas. En su conjunto, en 2021, el valor de las exportaciones de los bienes vinculados a la cultura se situó en 2.048,3 millones de euros, frente a unas importaciones de 2.413,2 millones de euros. Es obvia la ligazón existente de las industrias culturales con el sector audiovisual al hacer de caja de resonancia. La mayor presencia de las películas y series españolas puede ayudar a difundir la música, la literatura, los videojuegos, etc. Según la misma fuente el empleo, después del parón de la pandemia, se ha pasado de 67 700 a 79 100

---

[50]  MCUD (2022). Anuario de estadísticas culturales 2022. Madrid: Ministerio de Cultura y Deporte.

trabajadores en el sector audiovisual. Y la cifra de negocios del sector se ha incrementado un 43,4 %, ya que ha pasado de 5.552 a 9.400 millones de euros entre 2012 y 2023, tal y como refleja la tabla 1.

La Unión Europea fue el destino mayoritario de las exportaciones, con un 65,8 %. Por procedencia de las importaciones destaca de nuevo la Unión Europea con un 45,2 %.[51] Hay que tener en cuenta que las exportaciones audiovisuales hacia los países asiáticos están creciendo de forma significativa. Prevemos que estas vayan a crecer más en los próximos años por la mayor visibilidad de nuestras obras en ese continente por el desarrollo de las plataformas.

La percepción que tienen los expertos sobre este asunto, de acuerdo con los resultados de la encuesta, es que las exportaciones españolas han mejorado en los últimos años. El 72,5 % de los encuestados están de acuerdo en que las exportaciones se han incrementado notable-mente, casi el 4 % están muy de acuerdo, mientras que el 23,5 % están indecisos. Hay muchas razones detrás de ese crecimiento sobre la base del incremento de la competencia en el sector.

El nivel tan alto de operadores y la fragmentación de las audiencias han demostrado ser «una ventaja competitiva para estos negocios, muchos de ellos globales... se ha logrado la superación de la demografía tradicional y los nichos han comenzado a ser rentables. Los patrones de consumo rebasan las fronteras y permiten trabajar sobre los *clusters* de gustos globales».[52] En efecto, la convivencia de televisiones generalistas con plataformas que se esfuerzan en la segmentación y fidelización de sus abonados ha permitido producir obras que atienden a gustos distintos que han encontrado audiencias internacionales. Las plataformas también han sabido optimizar la producción y distribución gracias al *big data*. La minería de datos es muy importante para

---

[51] MCUD (2022). *Anuario de estadísticas culturales 2022*. Madrid: Ministerio de Cultura y Deporte.

[52] Neira, E. (2018). Impacto del modelo Netflix en el consumo cultural en pantallas: *Big Data*, suscripción y *long tail*. *Anuario AC/E 2018 de Cultura Digital*.

la industria de cine y televisión para realizar predicciones efectivas[53], así como su visibilidad.[54]

También se están produciendo simultáneamente dos fenómenos: la inflación de costes, ya que las productoras se desplazan a lugares con desgravaciones fiscales para rodar, y el incremento de los presupuestos de los proyectos impulsados por las productoras para competir en los mercados internacionales. De cara a mejorar las exportaciones es evidente que el incremento de los costes es positivo, pero hay que tener en cuenta que el entorno global es todavía más competitivo y exigente.

Aún así, el futuro es prometedor. Si los ingresos suben, el gasto en consumo se incrementa y las exportaciones tienden a crecer. Podemos concluir que estamos ante un sector competitivo que puede crecer en los próximos años y crear un empleo de calidad. Aunque todavía existe margen de mejora, ya que «la visibilidad no es condición suficiente pero sí necesaria para mejorar tanto en términos de imagen como de ventas. La apuesta por la coproducción y la cooperación puede contribuir también en esa dirección».[55]

Otro análisis también considera que

> España se encuentra con una importante oportunidad para el establecimiento de un Hub Audiovisual que potencie el papel internacional de la industria española en este sector y que permita generar y capturar valor para la industria audiovisual en España. Pese a la positiva evolución del sector audiovisual, España tiene un fuerte potencial de crecimiento centrado en sus ventajas comparativas: gran mercado

---

[53] Youwen Ma, Yi Wan, Data Analysis Method of Intelligent Analysis Platform for Big Data of Film and Television, *Complexity*, vol. 2021, Article ID 9947832, 10 pages, 2021. https://doi.org/10.1155/2021/9947832

[54] McKelvey, F., & Hunt, R. (2019). Discoverability: Toward a Definition of Content Discovery Through Platforms. *Social Media + Society*, 5(1). https://doi.org/10.1177/2056305118819188

[55] García Leiva, T. (2022). «La proyección internacional del audiovisual español», pp. 14-41, en Ballesteros, I. Informe sobre el estado de la cultura en España 2022. Fundación Alternativas. Madrid.

en su propio idioma, capital humano experimentado, costes relativamente menores que en otros países y vocación de apoyo público.[56]

Otro asunto de mayor calado sería hacer un *spill over* en sectores afines del conjunto de las industrias creativas como sugiere la UE que permitiría duplicar su PIB actual.[57]

Con todo ello, hay que seguir incrementando la productividad del sector audiovisual español mediante la mejora de la calidad de los contenidos, una óptima gestión del talento y un impulso continuo de la innovación. Eso permitirá incrementar la competitividad del conjunto del ecosistema y las exportaciones.

---

[56] Sánchez, R. (2021). «El sector audiovisual en España. La recuperación creativa de nuestra economía». Madrid: Fundación Alternativas.

[57] KEA-European Commission. 2019. *Impulse paper on the role of cultural and creative sectors in innovating European industry.* 2019. Brussels. DOI: 10.2873/509380.

# 5.

# Percepción e innovación

## 5.1. Encuesta de percepción: análisis y resultados

Con el fin de analizar la percepción que tienen los espectadores internacionales de las obras audiovisuales españolas, se ha realizado una encuesta a una muestra de prescriptores de opinión que han valorado diferentes aspectos referidos a las obras audiovisuales españolas.

La muestra incluye a tres grandes grupos:
- Críticos de cine y de televisión.
- Miembros de jurados internaciones.
- Académicos especializados.
- Personas relevantes en redes sociales especializadas en temas audiovisuales (blogueros, *instagramers*, etc.).

Los prescriptores de opinión desempeñan un papel importante en la percepción que tiene la sociedad de las obras audiovisuales españolas en el contexto internacional. En muchas ocasiones también influyen en el resultado comercial de las obras, dado que influyen a sus lectores, seguidores, etc. Su influencia se debe a varias razones:
- Visibilidad y promoción: Los prescriptores de opinión tienen la capacidad de promover y dar visibilidad a las películas españolas en el contexto internacional. Sus reseñas, críticas y recomendaciones pueden generar interés en el público y motivar a las personas a ver estas películas.

- Credibilidad y autoridad: Los prescriptores de opinión que tienen una reputación establecida en el ámbito del cine pueden tener una influencia significativa en la percepción de la calidad de una película. Sus opiniones y valoraciones pueden ser consideradas como una guía confiable para el público a la hora de decidir qué películas ver.
- Difusión de la cultura: La ficción española tiene una rica tradición cultural y representa una perspectiva única dentro de la industria cinematográfica. Los prescriptores de opinión pueden destacar estas características y resaltar la importancia cultural de las películas, series y documentales españoles, lo que puede despertar el interés de aquellos que buscan una experiencia cinematográfica diferente.
- Festivales y premios: Los prescriptores de opinión también pueden influir en la selección y reconocimiento de películas españolas en festivales de cine y televisión internacionales y premios prestigiosos. La participación y el reconocimiento en estos eventos pueden aumentar la visibilidad y el prestigio de las películas españolas, lo que a su vez puede generar más interés y oportunidades de distribución internacional.

Es importante tener en cuenta que la influencia de los prescriptores de opinión puede variar dependiendo de diversos factores, como la reputación del crítico, la plataforma utilizada para difundir la opinión (por ejemplo, medios tradicionales o redes sociales), la audiencia objetivo y las preferencias individuales del público. Sin embargo, en general, los prescriptores de opinión desempeñan un papel crucial en la promoción y difusión del audiovisual español en el contexto internacional.

En este sentido, vamos a incidir en la selección de los prescriptores de opinión que hemos considerado más influyentes en el contexto internacional. La elaboración de la base de datos está equilibrada y se ha focalizado en todos los continentes con gran hincapié en los mercados emergentes (Ver Anexo 1).

A la pregunta sobre si el potencial de la cultura y lengua españolas han generado en el ámbito internacional un mayor interés por

sus obras audiovisuales, los encuestados han respondido mayoritaria-
mente que están de acuerdo o muy de acuerdo, ya que representan
el 84,3 % del total, mientras que la suma de los indecisos y los que
no están de acuerdo es el 15,7 %. Por tanto, se confirma que efectivamente existe un creciente interés por las películas o series españolas
que puede ser en parte motivado por el propio interés en nuestra
cultura o lo que se viene denominando en el contexto comercial
«marca España».

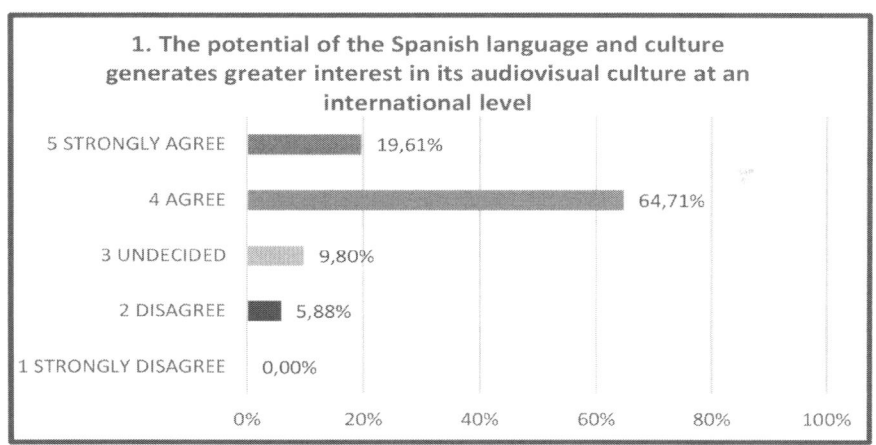

De acuerdo con lo que arrojan los resultados de la encuesta,
también podemos afirmar que existe una percepción mayoritaria de
que la innovación del sector audiovisual español se ha incrementado
en los últimos 10 años. Así pues, aunque no se contraste este dato
con el análisis objetivo de dicha innovación, la percepción que existe
sobre el incremento de la innovación es un factor clave que incide
en el mayor atractivo que tienen las obras audiovisuales españolas en
el contexto internacional. Más del 76 % de los encuestados están de
acuerdo o muy de acuerdo en que la innovación se ha incrementado
en los últimos 10 años. Aunque hay más de un 23 % que se manifiesta indeciso sobre esta cuestión, no hay en este aspecto ningún
encuestado que esté en desacuerdo. Por lo tanto, las respuestas están
claramente balanceadas hacia el polo positivo de la escala.

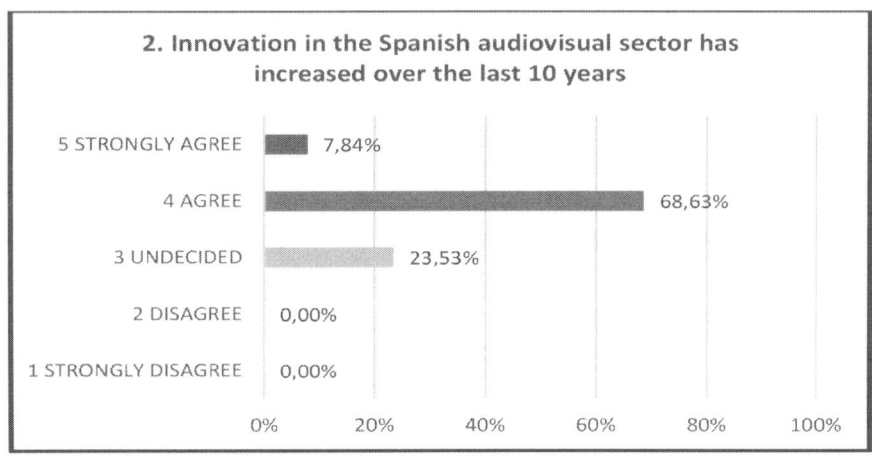

**2. Innovation in the Spanish audiovisual sector has increased over the last 10 years**

| | |
|---|---|
| 5 STRONGLY AGREE | 7,84% |
| 4 AGREE | 68,63% |
| 3 UNDECIDED | 23,53% |
| 2 DISAGREE | 0,00% |
| 1 STRONGLY DISAGREE | 0,00% |

0%    20%    40%    60%    80%    100%

Efectivamente, en los últimos diez años se ha observado un incremento significativo en la innovación dentro del sector audiovisual español. Diversos factores han contribuido a este crecimiento, entre ellos:

- Nuevas plataformas de *streaming*: la irrupción de plataformas como Netflix, ha impulsado la demanda de contenido audiovisual, lo que ha llevado a un aumento en la producción de series y películas en España. Estas plataformas han fomentado la creación de contenido original y han abierto nuevas oportunidades para los creadores y productores españoles, incentivando la innovación en narrativas, géneros y formatos.

- Coproducciones internacionales: la colaboración con otros países en la producción de películas y series ha permitido a los profesionales españoles acceder a nuevas perspectivas, recursos y tecnologías. Estas coproducciones internacionales han fomentado el intercambio de conocimientos y experiencias, lo que ha impulsado la innovación en términos de técnicas de producción, narrativas y estilos visuales.

- Avances tecnológicos: el sector audiovisual ha experimentado un rápido avance tecnológico en los últimos años, lo que ha brindado nuevas herramientas y posibilidades creativas. La evolución de la tecnología de grabación, edición y postproducción ha permitido a los profesionales españoles explorar nuevas técnicas y efectos visuales, mejorar la calidad técnica de las producciones y lograr resultados más impactantes.

- Apoyo institucional y financiero: las instituciones y organismos públicos en España han impulsado programas de apoyo financiero y subvenciones para la industria audiovisual. Estos recursos económicos han fomentado la inversión en proyectos innovadores, facilitando la experimentación y el desarrollo de nuevas ideas.

- Diversidad y nuevas voces: En los últimos años ha habido un mayor reconocimiento y apertura hacia la diversidad en el sector audiovisual español. Esto ha permitido la inclusión de nuevas voces, historias y perspectivas en la producción de contenidos, generando propuestas más innovadoras y representativas de la sociedad actual.

- En conjunto, estos factores han contribuido a un incremento notable en la innovación dentro del sector audiovisual español en los últimos 10 años. La combinación de nuevas plataformas, colaboraciones internacionales, avances tecnológicos, apoyo institucional y diversidad ha generado un ambiente propicio para la creatividad y el desarrollo de propuestas audiovisuales más innovadoras y vanguardistas.

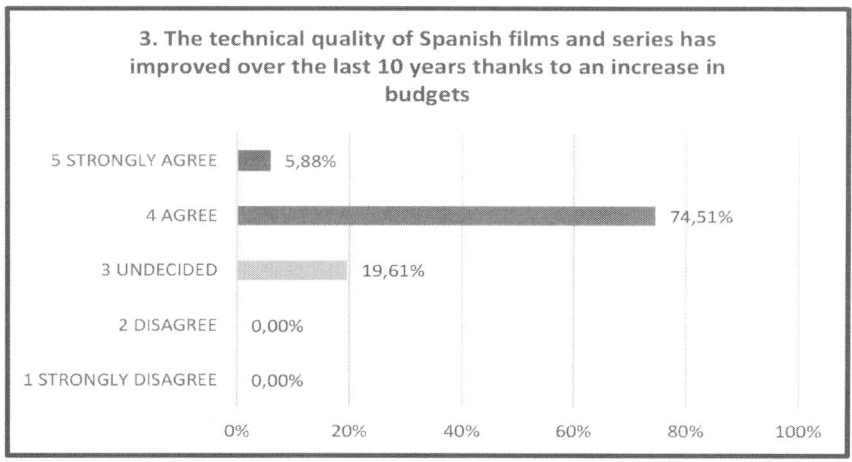

3. The technical quality of Spanish films and series has improved over the last 10 years thanks to an increase in budgets

| | |
|---|---|
| 5 STRONGLY AGREE | 5,88% |
| 4 AGREE | 74,51% |
| 3 UNDECIDED | 19,61% |
| 2 DISAGREE | 0,00% |
| 1 STRONGLY DISAGREE | 0,00% |

La mayoría de los encuestados, más del 80 %, cree que la calidad técnica de las películas y las series españolas ha mejorado en los últimos 10 años gracias al incremento de sus presupuestos. La percepción mayoritaria, por tanto, es que la calidad técnica ha mejorado y que una de las razones es el incremento de los presupuestos.

Es cierto que el incremento de los presupuestos en la industria cinematográfica y televisiva española ha contribuido a mejorar la calidad técnica de las películas y series en los últimos años. El aumento de los recursos financieros disponibles ha permitido a los realizadores españoles invertir en mejores equipos, contratar talento de primer nivel y acceder a locaciones y escenarios más impresionantes.

Los presupuestos más altos brindan la posibilidad de utilizar tecnología de vanguardia en la producción audiovisual. Esto incluye el uso de cámaras de alta definición, sistemas de iluminación sofisticados y equipos de sonido profesional, lo que se traduce en una calidad técnica superior en términos de imagen y sonido. Además, contar con mayores recursos económicos facilita la contratación de profesionales altamente cualificados, como directores de fotografía, diseñadores de producción y técnicos de sonido experimentados, que contribuyen a elevar el nivel técnico de las producciones.

El aumento de los presupuestos también ha permitido a las producciones españolas acceder a mejores locaciones y escenarios. Esto implica la posibilidad de filmar en lugares emblemáticos, utilizar sets más elaborados y crear ambientes visuales y sonoros más impactantes. La inversión en producción de calidad ayuda a mejorar la experiencia del espectador, ya que se pueden crear mundos más inmersivos y detallados.

Además, los mayores presupuestos permiten una mayor inversión en la etapa de postproducción, lo que incluye procesos como la edición, los efectos visuales y el diseño de sonido. Estas etapas son fundamentales para pulir y perfeccionar las producciones, y contar con recursos financieros adecuados facilita la contratación de profesionales especializados y el acceso a herramientas y *software* de alta gama, lo que resulta en una mejora significativa en la calidad técnica final.

Es importante tener en cuenta que, aunque el incremento de los presupuestos ha sido un factor clave en la mejora de la calidad técnica, también es necesario un enfoque creativo y una dirección sólida para aprovechar al máximo estos recursos. La combinación de presupuestos más altos, talento creativo y una visión artística sólida ha sido fundamental para el avance de la industria audiovisual española en términos de calidad técnica.

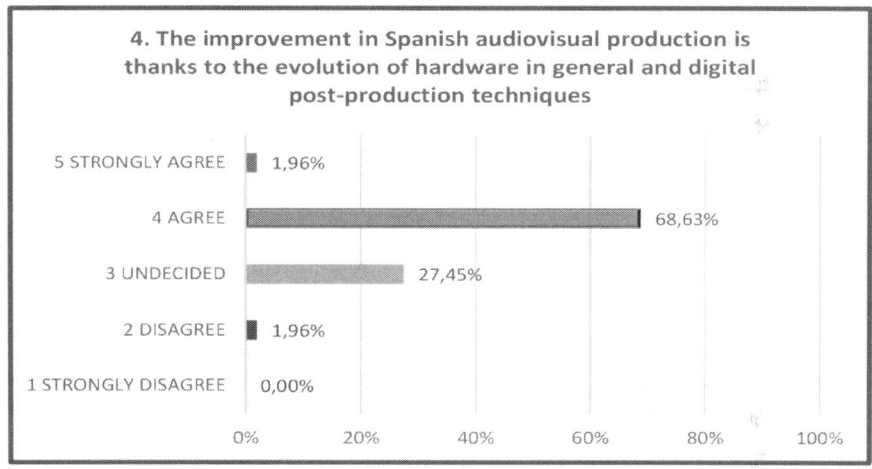

Más del 70 % de los encuestados cree que la mejora de la producción audiovisual española se debe a la evolución del *hardware* en general y las técnicas digitales de postproducción.

Efectivamente, la producción audiovisual española ha experimentado mejoras significativas en los últimos años, y gran parte de ello se debe a la evolución del *hardware* y las técnicas digitales de postproducción. Estos avances tecnológicos han permitido a los profesionales del sector explorar nuevas posibilidades creativas y mejorar la calidad de las producciones en general.

En cuanto al *hardware*, los equipos de grabación de vídeo han evolucionado considerablemente. Esto ha facilitado la labor de los cineastas y productores, ya que ahora pueden contar con equipos más ligeros y versátiles, lo que les permite moverse con mayor libertad y capturar imágenes de alta calidad en diferentes entornos.

Además, la mejora en la calidad de las cámaras digitales y los avances en los sensores de imagen han llevado a una mayor fidelidad visual en las producciones. Las cámaras de alta resolución y rango dinámico permiten capturar detalles sutiles y reproducciones de color más precisas, lo que contribuye a una experiencia visual más inmersiva para el espectador.

Por otro lado, las técnicas digitales de postproducción han revolucionado la forma en que se editan y se mejoran las producciones audiovisuales. El uso de *software* de edición no lineal y efectos visuales ha permitido a los profesionales manipular y transformar las imágenes de manera más eficiente y creativa. Los efectos especiales, la corrección de color, la composición de imágenes y otras técnicas de postproducción se han vuelto más accesibles y sofisticadas, lo que ha llevado a una mejora en la calidad final de las producciones audiovisuales.

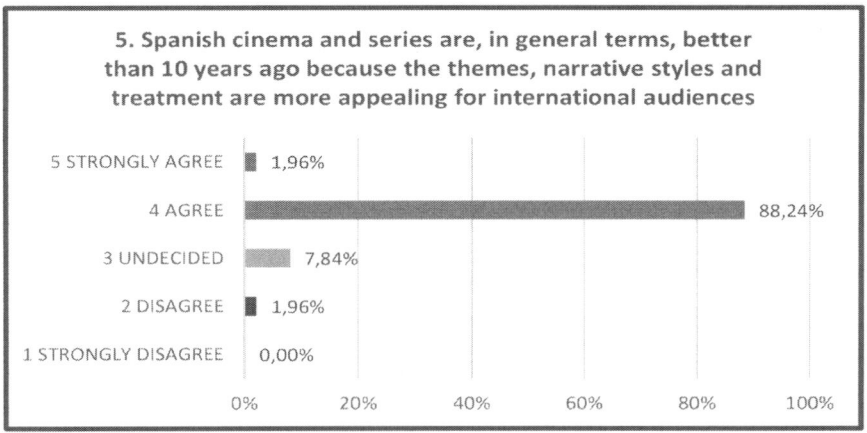

Estos avances tecnológicos han sido aprovechados por los profesionales del sector audiovisual en España, lo que ha resultado en producciones de mayor calidad y una mayor competitividad en el mercado nacional e internacional. La combinación de un *hardware* más avanzado y técnicas digitales de postproducción ha permitido a los creadores españoles materializar sus ideas de manera más efectiva y lograr resultados visuales impresionantes. La producción audiovisual española ha mejorado en los últimos años gracias a la evolución del *hardware* en general y las técnicas digitales de postproducción.

Más allá de los avances tecnológicos y de las técnicas de postproducción, la percepción de casi todos los encuestados (el 90 %) es que el cine y las series españolas han mejorado en términos generales debido a que los temas, argumentos, estilo narrativo y tratamiento son más atractivos para la audiencia internacional.

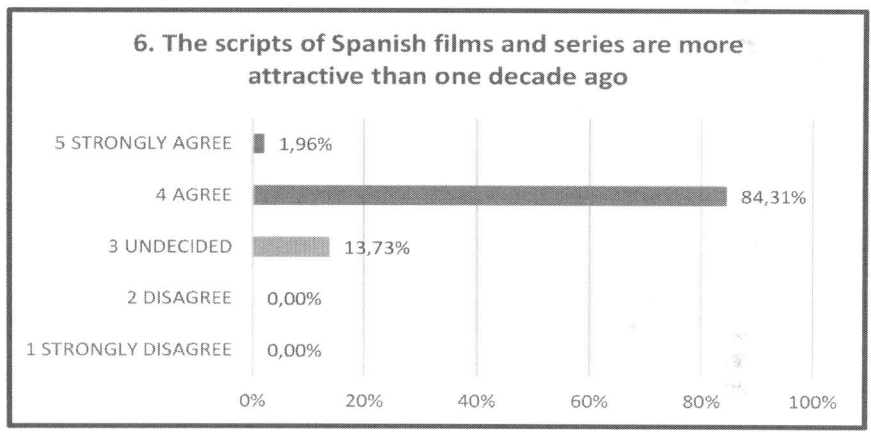

El 86 % de los encuestados cree que los guiones de las películas y series españolas son más atractivos que hace una década. Por tanto, los guiones junto con los otros factores que se han mencionado antes (innovación, presupuesto, técnicas de postproducción) es una de las razones por las que la producción audiovisual española es más atractiva ahora.

Más del 94 % de los prescriptores de opinión está de acuerdo en que las series y películas españolas son más competitivas en el contexto internacional en los últimos 10 años. Es importante destacar que el porcentaje de los que están de acuerdo superan el 88 %.

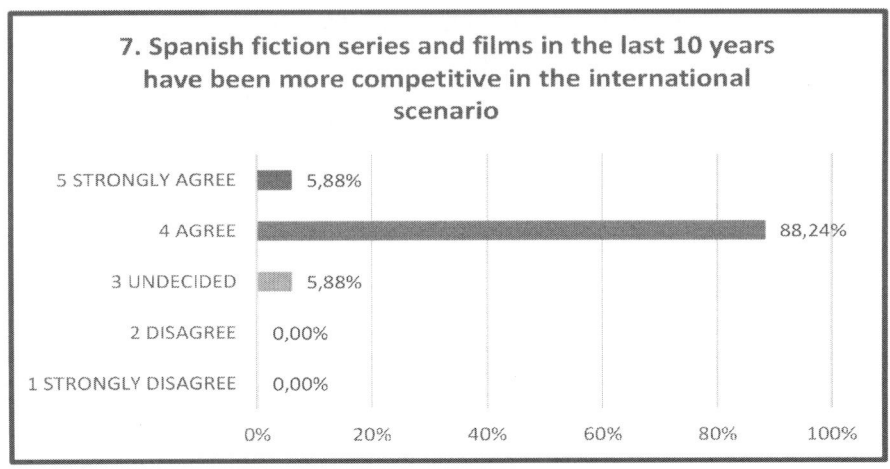

7. Spanish fiction series and films in the last 10 years have been more competitive in the international scenario

| | |
|---|---|
| 5 STRONGLY AGREE | 5,88% |
| 4 AGREE | 88,24% |
| 3 UNDECIDED | 5,88% |
| 2 DISAGREE | 0,00% |
| 1 STRONGLY DISAGREE | 0,00% |

El 33 % de los encuestados está muy de acuerdo en que la visibilidad internacional de la producción audiovisual española se ha incrementado gracias al desarrollo de las plataformas SVOD. Dado que la plataforma con mayor volumen de suscriptores en el contexto internacional es NETFLIX, se puede concluir que esta plataforma ha sido el principal factor que ha influido en el crecimiento de dicha visibilidad.

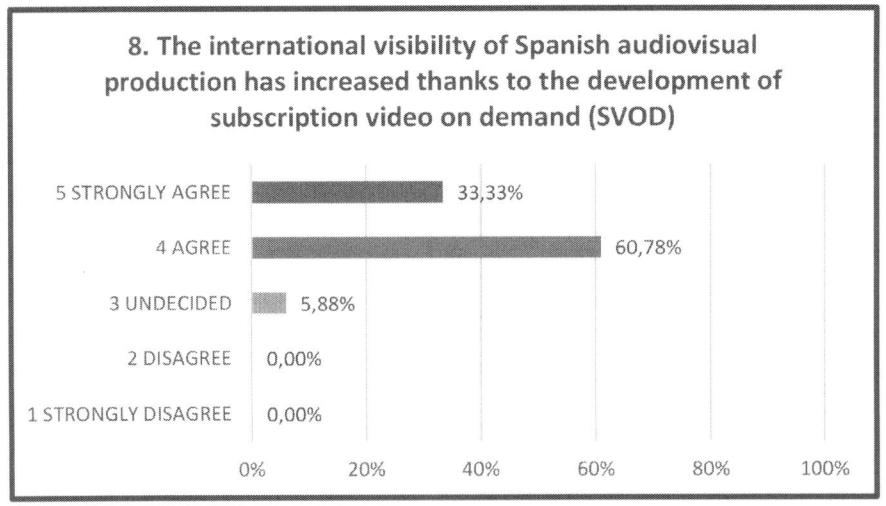

8. The international visibility of Spanish audiovisual production has increased thanks to the development of subscription video on demand (SVOD)

| | |
|---|---|
| 5 STRONGLY AGREE | 33,33% |
| 4 AGREE | 60,78% |
| 3 UNDECIDED | 5,88% |
| 2 DISAGREE | 0,00% |
| 1 STRONGLY DISAGREE | 0,00% |

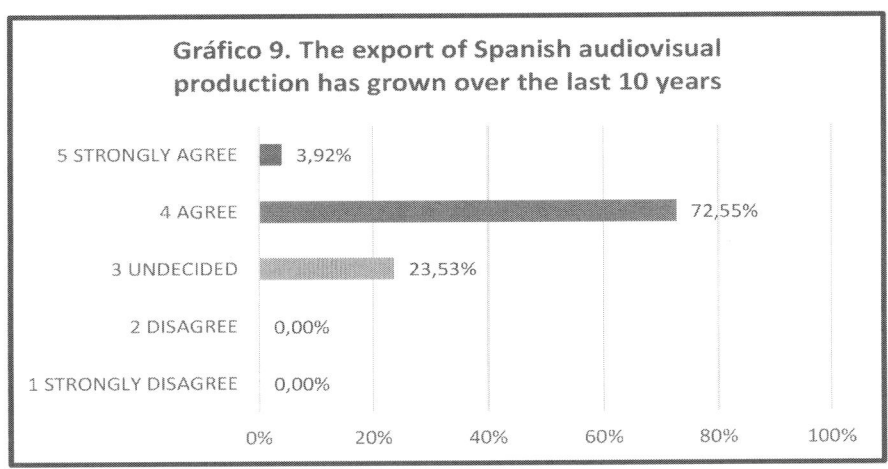

Gráfico 9. The export of Spanish audiovisual production has grown over the last 10 years

El 76 % de los encuestados opina que las exportaciones de producciones audiovisuales españolas han crecido en los últimos 10 años.

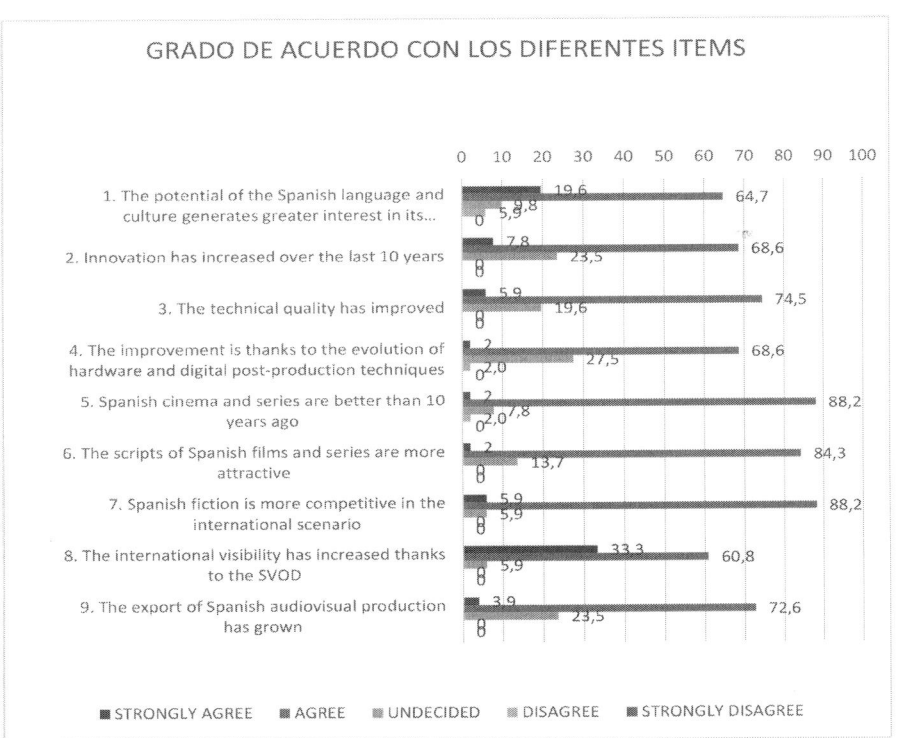

GRADO DE ACUERDO CON LOS DIFERENTES ITEMS

En este gráfico se recoge el porcentaje de los que están muy de acuerdo o de acuerdo con las diversas afirmaciones relativas a las producciones audiovisuales españolas, y se destaca el alto porcentaje de encuestados que están muy de acuerdo con la afirmación de que la visibilidad internacional de las obras españolas en el contexto internacional se debe a las plataformas SVOD.

En general, la gran mayoría de los encuestados se manifiestan de acuerdo con el hecho de que existe en el contexto internacional un mayor interés por las producciones españoles, que la calidad técnica de éstas, su innovación y competitividad se han incrementado en los últimos años y que la mayor visibilidad de las películas y series es debido a las plataformas SVOD.

## 5.1. Entrevistas sobre postproducción y procesos de trabajo

El éxito proviene de explorar cómo convertir a los socios en innovadores más valiosos. Por eso es clave entender a los proveedores y en enseñarles a adaptarse al entorno digital. Dirigir una empresa verdaderamente innovadora significa mejorar constantemente su cultura y proceso de innovación. Sin embargo, ejecutar un ecosistema de innovación exitoso exige más. Los ecosistemas de innovación exitosos hacen que las personas fuera de la empresa sean perceptiblemente más inteligentes, ricas e innovadoras. Biológicamente hablando, los ecosistemas de innovación invierten en simbiosis, no en parasitismo. El crecimiento no es suma cero.[58]

Uno de los factores clave de este enfoque empresarial es la transferencia de conocimiento La transferencia de conocimiento es importante para una empresa por varias razones:

- **Mejora la eficiencia**: al permitir que los empleados y colaboradores compartan conocimientos y experiencias. Esto puede

---

[58] M. Schrage, How Innovation Ecosystems Turn Outsiders into Collaborators, *Harvard Business Review*, April 30, 2014.

ayudar a evitar errores y reducir el tiempo necesario para completar tareas.

- **Fomenta la innovación**: al permitir que los empleados y colaboradores externos compartan ideas y conocimientos. Esto puede ayudar a la empresa a desarrollar nuevos productos y servicios y a mejorar los existentes.
- **Mejora la toma de decisiones**: al proporcionar a los empleados y colaboradores externos información y conocimientos relevantes. Esto puede ayudar a la empresa a tomar decisiones más informadas y a evitar errores costosos.
- **Mejora la satisfacción del cliente**: al permitir que los empleados internos y externos compartan conocimientos y experiencias relevantes. Esto puede ayudar a la empresa a proporcionar un mejor servicio al cliente y a mejorar su satisfacción.

En las entrevistas a los proveedores clave de Netflix se manifiesta la trasferencia de conocimiento como uno de los aspectos más valorados por los entrevistados, ya que destacan como resultado la mayor profesionalización del sector contagiando al resto su manera de trabajar.

Las entrevistas se han focalizado en los siguientes aspectos:

- Los avances en materia de postproducción en los últimos años (en tecnología, pero también en procesos y *workflows*).
- Cómo se trabajaba la postproducción antes de la llegada a España de servicios como Netflix.
- El papel de servicios como Netflix en esta transformación.
- Repercusión de la adopción de este tipo de procesos y avances tecnológicos para el resto del ecosistema.
- Repercusión del proceso de postproducción y los avances en VFX y producción virtual en los contenidos.
- El rol de Netflix en la transferencia de conocimiento.
- La situación de los nuevos perfiles profesionales en esa transformación y sus oportunidades.

Desde el principio, Netflix apostó por una gran calidad de imagen y de sonido (4k y HDR), lo que implicó una mayor colaboración entre las empresas para integrar mejor ese desarrollo La tecnología HDR permite a los directores evocar una variedad de emociones más amplia a través de delicados matices en las luces, las sombras y los colores. También es destacable el importante desarrollo de los efectos visuales VFX[59] para ahorrar costes y mejorar la espectacularidad de las imágenes. En el caso de las producciones deportivas en vivo, la tecnología HDR ofrece una experiencia de visualización inmersiva con una reproducción nítida de los detalles iluminados y oscuros, como si el espectador estuviese en el estadio. Para los conciertos en vivo, la tecnología HDR captura realmente la riqueza y el color de los efectos de iluminación del escenario, para revelar todos los detalles del vestuario del artista. Para documentales y producciones de vida silvestre, la tecnología HDR expresa una enorme variedad de colores, tonos y texturas.

El caso Netflix es un ejemplo de empresa innovadora no solo por tener una exigencia alta en la calidad de emisión sino por mejorar constantemente su cultura organizacional y su proceso de innovación. Es claramente un ejemplo de innovación abierta. Es importante destacar en el caso de Netflix la gestión de la innovación y la resi-

---

[59] **Efectos visuales** (VFX) es un término utilizado para describir imágenes creadas, manipuladas o mejoradas para cualquier película u otros medios en movimiento que no tienen lugar durante el rodaje de acción en vivo. Los efectos visuales a menudo implican la integración entre metraje real y estas imágenes manipuladas para crear entornos de apariencia realista para el contexto. Estos entornos creados son demasiado peligrosos para dispararlos o mundos que simplemente no existen. Utilizan imágenes generadas por computadora (CGI) y un *software* VFX particular para que esto suceda. Los productores de efectos visuales se comunican con directores y directores de fotografía para determinar qué escenas requieren que filmen con pantallas verdes.
Los efectos visuales se diferencian de «los efectos especiales», porque los efectos visuales requieren una computadora y se agregan después de la filmación. Los efectos especiales, o SFX, se realizan en el set: son cosas como explosiones controladas y deliberadas, heridas de bala falsas, etc. Un ejemplo de VFX serían los dragones volando por el cielo en *Juego de Tronos*, o una nave espacial volando por el espacio en *Star Wars*.

liencia organizacional.[60] Es la práctica de empresas y organizaciones que obtienen ideas tanto de fuentes externas como internas, lo que significa compartir conocimientos e información sobre problemas y buscar soluciones y sugerencias en personas ajenas al negocio. En el caso de postproducción y la toma de imágenes, Netflix ha trasladado su saber hacer a los técnicos de las productoras con las que ha colaborado: desde «definir un *look*» antes del rodaje hasta la formación especializada sobre el tema.

Pero evidentemente ese conocimiento también ha sido escalado para hacerlo más ambicioso y que permitiera transferirlo. Ha sido clave porque, además de la mejora constante de los aparatos, se ha transmitido al conjunto de la industria en diferentes *Summit de Postproducción* para mejorar las prácticas para los VFX/ICVFX[61] o a diferentes escuelas de cine. Ha introducido los flujos de trabajo e incluso al principio han prestado monitores de alta resolución profesional para ayudar a mejorar la fotografía. Permitir la innovación externa se vuelve tan importante como mejorar la propia. Esta es una de las claves del éxito. De hecho, «los ecosistemas de innovación exitosos crean ciclos virtuosos de creatividad externa, lo que impulsa la adap-

---

60 Heinz, D., Hunke, F., & Breitschopf, G. F. (2021). Organizing for digital innovation and transformation: bridging between organizational resilience and innovation management. In *Innovation Through Information Systems: Volume II: A Collection of Latest Research on Technology Issues* (pp. 548-564). Berlín: Springer International Publishing.

61 **ICVFX (In-Camera Visual Effects)** es una técnica innovadora en la que los efectos visuales se capturan en la cámara en lugar del proceso de postproducción tradicional. Como uno de los pilares de la producción virtual, ICVFX permite a los cineastas capturar y ver activos virtuales como si realmente estuvieran allí; haciendo que el proceso sea tan efectivo como si fueran activos físicos del mundo real. Con ICVFX, se puede crear un proceso de automóvil con tecnología LED, permitiendo que el contenido se reproduzca en tiempo real mientras se filma. La cámara es capaz de capturar estas imágenes y darles vida de una manera mucho más clara y nítida que la que puede ofrecer la posproducción. Si desea ver las luces brillantes del Strip de Las Vegas pasar junto a la ventana mientras conduce, puede crear la ilusión sin siquiera poner un pie en el lugar.

tación interna. A su vez, la innovación interna permite e inspira la inversión externa».[62]

Los encuestados señalan que trabajar con Netflix ha impulsado el desarrollo de sistemas que mejoran la calidad, tanto de imagen como de sonido. Pero con una nueva organización que implica trabajar de forma coordinada entre los equipos encargados de grabar y los equipos de postproducción que dan por terminado el producto. El HDR ha pasado de considerarse algo casi experimental a hacerse habitual en buena parte de los productos destinados a plataformas. El sonido inmersivo impulsado por la tecnología Dolby Atmos también ha avanzado bastante. La idea de que toda la producción esté apoyada con flujos de trabajo más completos en los que prima mantener la calidad del material y la entrega a múltiples ventanas (SDR, HDR, cine . . . ) ha sido radicalmente innovadora con respecto a cómo se trabajaba anteriormente a la aparición de las plataformas.

Antes de la llegada de las plataformas se trabajaba de forma diferente, pues las nuevas exigencias han obligado a optimizar procesos. Nuevos sistemas de gestión del color para facilitar las diferentes entregas. Ya no se puede pensar en «una sola ventana de exhibición sino en múltiples opciones, por lo que hay que planificar todos los flujos de trabajo con esa necesidad en primer término». En la gestión de los VFX se trabaja en ocasiones con pre-etalonaje, tomando decisiones creativas no previstas. Anteriormente se trabajaba «de una manera mucho menos colaborativa entre todas las unidades de producción, lo que se traducía en un desorden organizativo entre todos los departamentos en cuanto a entregas y procesos».

La **postproducción ha cambiado radicalmente** en los últimos años y ha traído importantes avances que se basan en la constatación de que es necesario mantener la coherencia de la imagen desde el rodaje hasta la entrega. La incorporación de los sistemas de gestión de color (particularmente ACES) con nuevos *workflows* hace que las decisiones de los rodajes «se puedan mantener en todos los departamentos, mini-

---

[62] M. Schrage, How Innovation Ecosystems Turn Outsiders into Collaborators, *Harvard Business Review*, April 30, 2014.

mizando errores que además en posproducción tienden a acumularse en los diferentes procesos. Además de esto, la incorporación de herramientas de Machine Learning ha cambiado decisivamente la gestión de tareas cuya realización requería muchas horas de trabajo manual, como, por ejemplo, la rotoscopia». Lo realmente radical es entender la postproducción como una fase colaborativa entre todos departamentos que la llevan a cabo con flujos de trabajo desarrollados *ad hoc*.

Los servicios de Netflix han arrastrado al conjunto del sector pues «ha sido la transparencia con la que han implementado esos cambios, poniendo a disposición de la industria una buena cantidad de información y documentación de gran valor». Una apuesta clara «por el desarrollo tecnológico de todas las áreas (imagen, sonido, doblajes, música . . . ) mediante: eventos informativos, desarrollo de plataformas, cursos de formación, implementación de nuevas *apps/software*».

La llegada de Netflix ha supuesto un **revulsivo para el ecosistema**, pues la industria se ha contagiado de algunos de sus procesos, incrementando la calidad de la imagen y sonido, entendiendo cada fase de producción como un todo coordinado. Ha sido una palanca fundamental para el sector, no solo en la postproducción. España se ha convertido en un gran plató para múltiples plataformas . . . los cambios introducidos se ven traducidos en: agilidad de procesos, optimización de los recursos, *workflows* ágiles, liberación de la información, impulso económico y profesionalización del sector. El análisis cuantitativo realizado también señala una mejora en la percepción de los aspectos técnicos de la producción audiovisual española.

En los últimos años ha habido un gran **desarrollo en VFX**, introducido por empresas pequeñas, algo impensable hasta hace poco. Incorporar esos avances

ha ayudado a que empresas más pequeñas tengan acceso al mercado exterior, tradicionalmente más acostumbrado a la estandarización de procesos. Ha sido muy innovador incorporar los VFX en cámara, pues hace que sea más competitivo porque supone un importante ahorro de costes (desplazamientos, optimización de tiempos etc.). Las empresas españolas han ganado experiencia, algo que era un hándicap para competir internacionalmente, mejorando el contenido: «los VFX se integren mejor y la experiencia del espectador sea mucho más inmersiva».

El **rol de servicios de Netflix** a la hora de hacer permeable este conocimiento y acercarlo a todo el ecosistema audiovisual en nuestro país ha sido, según los entrevistados, fundamental, ya que, lejos de la opacidad de otras empresas, Netflix no ha tenido reparos en compartir desarrollos muy punteros, haciendo que el sector adquiera mayor profesionalidad y «convirtiéndose en la plataforma que más ha apostado en nuestro país. Se ha convertido en referente, ya que su manera de trabajar y conocimiento ha calado tanto . . . ».

En relación a los **nuevos perfiles profesionales** y las nuevas oportunidades, los entrevistados señalan un futuro muy cambiante con la llegada de la IA. Pero, a día de hoy, los nuevos perfiles exigen una gran adaptación al entorno y a las nuevas formas de trabajar. Por eso «los puestos de supervisión, ya sea de postproducción, sonido, VFX, flujos de trabajo . . . están muy en auge a día de hoy . . . ». Sin duda, la llegada de las plataformas

> ha puesto en valor algunos perfiles que tradicionalmente estaban en segundo plano. Algunos ejemplos serían Ayudante de montaje, editor de VFX, técnico de *mastering,* coordinador de posproducción, DIT, data manager, etc. Destacar perfiles profesionales con experiencia en *workflow* de cara al futuro, así como los ligados a la producción virtual y la llamada transformación digital.

A pesar de esos cambios, es importante destacar que el aprendizaje va a cambiar rápidamente con el desarrollo de la inteligencia artificial y los algoritmos,[63] y esperemos que empresas españolas puedan seguir fomentando su innovación. Indudablemente los retos están ahí y como todo está abierto, cualquier cosa puede ocurrir. La innovación cada vez es más disruptiva.

---

[63] Jing Han, Lin Shao. Study Film and Television Postproduction and Innovation Strategy Based on an Artificial Intelligence Algorithm, *Mobile Information Systems,* vol. 2022, Article ID 3084493, 11 pages, 2022. https://doi.org/10.1155/2022/3084493

# 6.

# El operador dominante SVOD y la espiral positiva de competitividad del sector audiovisual español sobre los factores clave de éxito y las tendencias tecnológicas

Las plataformas SVOD han conseguido penetrar en el mercado español de forma muy rápida. No solo han mejorado la oferta de películas y series de catálogo, sino que han invertido en productos originales, de manera que han conectado con nuevas generaciones de jóvenes que quieren elegir qué quieren ver en cada momento (*anyone, anytime, anywhere*). También quieren participar comentando los contenidos, compartiéndolos en las redes sociales. Y muchos de ellos están interesados en cocreación. Son los llamados *users generated content* (UGC).

A pesar de ese significativo desarrollo de la suscripción, la televisión generalista sigue conviviendo con su frágil salud de hierro, de manera que se puede hablar de equilibrio y de cooperación en muchos casos. La ventaja competitiva es una mejor programación. Los servicios de transmisión han subido el listón y una mayor competencia seguirá estimulando la creatividad. La desventaja es que en lugar de agregar y agrupar servicios (como lo ha hecho la televisión de pago), las compañías de transmisión han optado por vender de forma independiente y ofrecer solo paquetes de todo lo que puede ver.

En la figura siguiente puede verse las interacciones en el mercado de las plataformas.

*Ilustración 1 Interacciones del mercado de las plataformas*

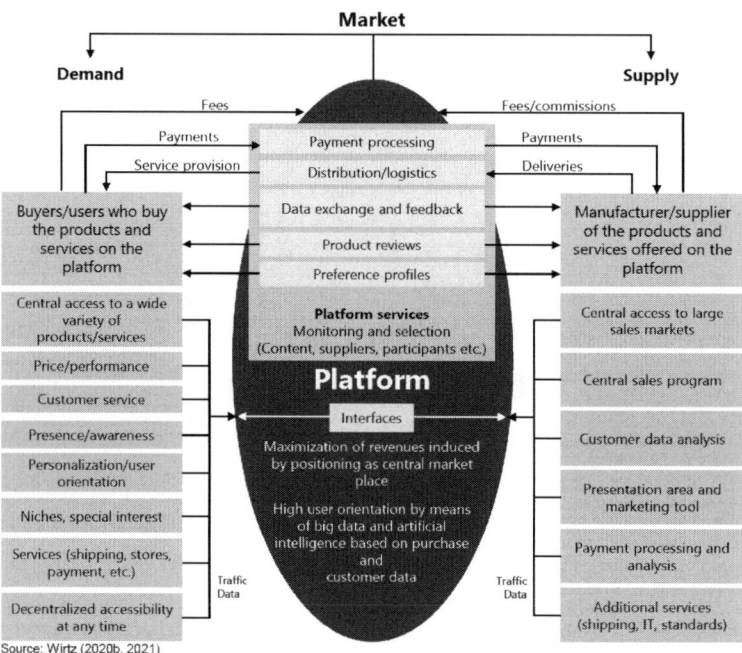

Sus interacciones de mercado no solamente están relacionadas con el proceso de distribución y logística o los procesos de gestión de datos y la interactividad, sino que entran en juego demasiadas actividades: selección de productos, *feed-back*, análisis de perfiles, uso del *big data* e IA para conocer mejor al usuario, etc., además de la selección y priorización de proyectos.

Pero eso implica también una gestión importante de los colaboradores, en una externalización del talento y, sobre todo, un trasvase de innovación permanente a todas las productoras y empresas de servicios con las que colabora. Baste recordar la inversión de 17.400

millones de euros de todos los *streamers* en Europa en el 2021 para entender esa importante influencia que están teniendo en la industria audiovisual.[64]

El panel de Hogares de la CNMC para el cuarto trimestre de 2022 señalaba que las plataformas de pago estaban presentes en el 59,2 % de los hogares con acceso a Internet frente al 40,5 % del mismo trimestre del 2019 lo que indica el ritmo de crecimiento. También se señalaba que las series (64,2 %) desbancan a los informativos (61,7 %) en el ranking de contenidos audiovisuales más vistos, liderado por las películas (75,8 %). Según la misma fuente, los ingresos del conjunto de las plataformas SVOD fue superior a los 1200 millones de euros. La competencia es enorme por la aparición de nuevos operadores. Desde noviembre de 2019 Apple+, Disney+, y Discovery+ se han convertido en proveedores globales de contenidos como Netflix, Hulu y Amazon Prime Video (APV).

En España, el líder indiscutible con casi la mitad del mercado es Netflix. Su historia es muy conocida. Netflix está presente en España a través de dos filiales: una empresa dedicada al desarrollo y producción de películas y series y otra dedicada al *marketing*, desarrollo de negocio y relaciones públicas. Cuenta con una alianza estratégica con Secuoya para establecer en Madrid un centro de producción líder en Europa. Ha duplicado el número de platós (que pasan de 5 a 10) e incorpora nuevas instalaciones de postproducción de última generación y pioneras en España. Ha visto la posibilidad de desarrollar negocio por los costes y por el talento existente. Un lugar de oportunidades con un sector altamente competitivo.

Desde la llegada de Netflix al país, más de 10 000 profesionales han trabajado en las producciones que el servicio de entretenimiento ha impulsado en todas las comunidades autónomas. Netflix continúa reforzando su compromiso con el entretenimiento y el sector audiovisual en España con la ampliación de su centro de producción y postproducción en Madrid Content City (en Tres Cantos, dentro de

---

[64] European Audiovisual Observatory (2021). Investments in original European content - 2011-2021 analysis. Strasbourg.

la Comunidad de Madrid). La compañía ha celebrado la inauguración de la nueva sede que, tras doblar su capacidad, alberga la superficie de rodaje más extensa de Netflix en la Unión Europea e incorpora nuevas instalaciones de postproducción, únicas en el país, para que los creadores y productores puedan dar vida a sus mejores historias.

Solo tres años después de su apertura, el centro pone a disposición de la industria diez platós (con un espacio polivalente de más de 22 000 m2 que incluye oficinas de producción, espacios de maquillaje, peluquería y vestuario, etc.). La sede, que ha acogido proyectos destacados como *La casa de papel, Élite, La noche más larga, Valeria, Fuimos canciones* o *Criminal,* también tiene como prioridad acercar a los profesionales las últimas tecnologías en materia de postproducción. Ahora, la expansión promueve la incorporación de nuevas instalaciones pioneras como el primer sistema de edición remoto en España (con 30 nuevas salas que facilitarán a los profesionales técnicos trabajar en proyectos desde cualquier lugar de España o Europa) o el primer laboratorio de postproducción en la nube de Netflix a nivel global.

En palabras de María Ferreras, *Global Head of Partnership* y *Business Development* en Netflix:

> Estamos convencidos de las fortalezas y oportunidades que ofrece España como centro de producción y postproducción audiovisual en Europa y en el mundo. Esta sede se sitúa como un punto de encuentro para el talento local y global. La innovación de estas instalaciones permitirá a los profesionales centrarse en la excelencia creativa de sus proyectos, para que los amantes del entretenimiento podamos seguir disfrutando de las mejores historias.[65]

Este gran centro no hace olvidar las regiones y la diversidad cultural española. La compañía, que ha rodado ya en todas las comunidades autónomas de la mano de más de 40 productoras locales (la mayoría de ellas PYMEs), ha estrenado desde su llegada numerosos títulos hechos en España, generando más de 10 000 puestos de trabajo para reparto y equipos técnicos. Seguimos trayendo a nuestros sus-

---

[65] https://vertele.eldiario.es/series/netflix-inaugura-nuevos-estudios-madrid-avanza-detalles-nuevas-series-espanolas_1_9734391.html

criptores una gran variedad de series y películas hechas en España, incluyendo más de 30 títulos en 2022, como *Bienvenidos a Edén, Amor de madre, A través de mi ventana* o *Sagrada familia*», ha complementado Mary-Kathryn Kennedy, vicepresidenta de Producción de Netflix en Europa. En 2023 se están estrenando nuevos títulos originales españoles, entre los que se encuentran películas como *Hermana Muerte, Eres tú, Fenómenas, A través del mar,* o series como *El silencio, El cuerpo en llamas, Berlín, Un cuento perfecto,* las nuevas temporadas de *Sky Rojo, Valeria* o *Élite,* o contenidos de no ficción como la nueva temporada de *Soy Georgina.* La coproducción de productos de ficción seriada televisiva es una estrategia presente en la creación de producción propia de la plataforma Netflix.[66]

Netflix ha sabido rentabilizar un servicio de contenidos digitales, ofreciendo un valor añadido por el que el usuario está dispuesto a pagar. Y, por el camino, ha transformado profundamente los cimientos del consumo cultural en pantallas. La popularidad de Netflix no solo se ha traducido en una adopción masiva del servicio. También ha sido el principal impulsor de un nuevo concepto, el entretenimiento del individuo, frente al tradicional entretenimiento del hogar. La triple A del servicio que Netflix ofrece (accesible, asequible y atractivo) se construye en torno a unos elementos clave, que se detectan en la mayoría de los agentes que representan esta nueva cultura de consumo en dispositivos conectados. Esos tres elementos: modelo de suscripción, beneficio en relación al número de suscriptores, y experiencia de usuario.[67] Por eso, Netflix es algo más que una plataforma de distribución que conoce y desarrolla tecnología, que gestiona el *big data*, como señala Ramon Lobato, es «un modo de vida y un ritual».[68]

---

[66] Hidalgo, T. Netflix como productor audiovisual: Una radiografía de la coproducción de ficciones seriadas. OBRA DIGITAL, Núm. 19, septiembre 2020 - enero 2021, pp.117-132.

[67] Neira, E. (2018). Impacto del modelo Netflix en el consumo cultural en pantallas: *Big Data*, suscripción y *long tail. Anuario AC/E 2018 de Cultura Digital.*

[68] Lobato, R. (2019). Netflix nations. In *Netflix Nations.* New York University Press

Netflix ha sido una empresa innovadora en muchos aspectos. Por eso, se habla del «efecto Netflix»: pertenecer a la coalición de la red abierta, posicionando claramente a favor de la neutralidad de la red, la participación de la audiencia, *long tail* de géneros/microgéneros, los atracones, el negocio de la convergencia, cambios en el modelo de negocio de la televisión, cambios del consumo de televisión, etc.[69]

Tampoco hay que olvidar el potencial de los contenidos que produce, los llamados *originals*. Son locales y su distribución también depende mucho de los algoritmos y de procesos de automatización.

En muchos análisis que se realizan se confunden los conceptos de audiencia y catálogo. Sin acceso

> a la caja negra de Netflix, nunca podremos entender qué elementos son los que configuran las audiencias realmente, viendo solo la gama de contenido que se les proporciona. Por lo tanto, un catálogo es absolutamente no es un indicador confiable de gusto, consumo o demanda dentro de una determinada nación. No se puede utilizar como representante de la audiencia misma. El análisis es para ayudarnos a comprender los patrones de distribución, no de recepción . . .
> En otras palabras, la comparación de los catálogos de Netflix atiende a diferentes tipos de usuarios globales, no solo a diferentes mercados nacionales. En algunos casos, los catálogos de Netflix pueden entenderse mejor a través del prisma de las formaciones de clase transnacionales en lugar del marco de la audiencia nacional.[70]

Otro estudio que analiza la diversidad ofertada, señala que Netflix «proporciona un menú estadounidense transnacionalizado . . . , lo que contribuye negativamente a los flujos audiovisuales desequilibrados que existen en España».[71]

---

[69] McDonald, K. y Smith-Rowsey, D. (Ed.). 2016. *The Netflix effect: Technology and entertainment in the 21st century.* New York: Bloomsbury.

[70] Lobato, R. (2018). Rethinking International TV Flows Research in the Age of Netflix. *Television & New Media, 19*(3), 241-256. https://doi.org/10.1177/1527476417708245

[71] Albornoz, L. A., & García Leiva, M. T. (2022). Netflix Originals in Spain: Challenging diversity. *European Journal of Communication, 37*(1), 63-81.

En términos de estrategias de inversión, los datos muestran claramente un cambio de contenido con licencia a originales completos de Netflix. A través de los títulos exclusivos pretende atraer nuevos suscriptores, aprovechándose de los créditos fiscales o subsidios en ciertos mercados europeos. Tampoco podemos olvidar las obligaciones de Netflix referidas a cuotas de producción y otras medidas de protección cultural de cada país.[72]

En la producción de originales es el único inversor que controla la cadena de distribución global, de manera que no tiene que negociar derechos de distribución, preventas o controlar las ventanas de lanzamiento dependiendo del mercado al que se dirija.

Se espera que este tipo de inversión aumente significativamente, no solo porque Netflix quiere la propiedad total sobre el contenido, sino también porque el contenido con licencia y las coproducciones se están volviendo mucho menos atractivos. Esto se debe en parte a que el contenido con licencia es más difícil de conseguir, dado que gigantes como Disney y Comcast cortaron lazos con Netflix para alimentar sus propias plataformas de transmisión, y las emisoras están siguiendo su ejemplo. Además, el contenido con licencia viene con una fecha de caducidad, lo que puede dar lugar a costosas guerras de ofertas para la renovación o exposición limitada al mercado en el caso de algunas coproducciones, donde los derechos de distribución deben compartirse.[73]

Tiene la misma estrategia con los originales con licencia. Puede gestionar mejor el riesgo cuando innova en contenidos singulares que compra, aunque normalmente las televisiones europeas siempre

---

[72] Iordache, C., Raats, T., Donders, K. (2022). The "Netflix Tax": An Analysis of Investment Obligations for On-Demand Audiovisual Services in the European Union. *International Journal of Communication*, Vol. 16, pp. 545-565 y Gillespie, T. L. (2017). Regulation of and by platforms. p. 254-278 *The SAGE Handbook of Social Media* Jean Burgess, Thomas Poell, and Alice Marwick (ed.), London: Sage

[73] Afilipoaie, A., Iordache, C., & Raats, T. (2021). The 'Netflix Original' and what it means for the production of European television content. Critical Studies in Television, 16(3), 304-325.

tratar de conservar los derechos. Sin embargo, su verdadera estrategia para captar nuevos suscriptores se basa en la producción de *originals*. Por esa razón, Netflix parece menos interesado en los acuerdos de coproducción/cofinanciación si no hay un proyecto interesante destinado a un mercado concreto de temática global para ganar reputación internacional.

Pero la innovación de Netflix no solo se apoya en esta estrategia. Desde el principio, Netflix se puede considerar que ha hecho una innovación disruptiva como estrategia.[74] Y fue una innovación desde el principio ofreciendo precios bajos con un producto distinto. Lo fue para Blockbuster y ahora para el cable con modelo de negocio SVOD virando hacia otro modelo con publicidad como fuente de ingresos secundaria. Y quizá también mirando con interés el negocio de los juegos en línea. El *streaming* de medios no es una innovación, sino una colección de muchas innovaciones porque implica muchas cosas más que la difusión. Netflix trastoca la vieja idea de ver televisión a bajo precio y rompe la regla del concepto de televisión. Pero el modelo de negocio de Netflix es realmente fácil de copiar. Y este es el desafío a largo plazo al que debe enfrentarse. Tiene una tarea difícil con demandas para continuar innovando no solo agregando contenido y suscriptores, sino también desarrollando modelos comerciales más innovadores. El potencial de la empresa es también importante, aunque los competidores tienen poder financiero, saber hacer y conocen los procesos tecnológicos. El tiempo dirá hacia dónde va el mercado.

El concepto de innovación es complejo y variado: «La innovación industrial incluye la técnica, el diseño, fabricación, y gestión comercial de las actividades implicadas en la comercialización de un nuevo (o mejorado) producto o el primer uso comercial de un proceso o equipo nuevo (o mejorado)» (Freeman, 1982); «La innovación es la herramienta específica de los emprendedores, el medio por el cual explotan el cambio como un oportunidad para un negocio diferente

---

[74] Anindita, V. Disruptive Strategy in Disruption Era: Does Netflix Disrupt the Existing Market? *International Journal of Business and Technology Management*, |S.l.|, v. 3, n. 1, p. 30-39, mar. 2021.

o servicio» (Drucker, 1985); «La innovación es la explotación exitosa de nuevos ideas» (UK DTI, 2004); «La innovación exitosa es la creación e implementación de nuevos procesos, productos, servicios y métodos de entrega que resulten en mejoras significativas en los resultados, la eficiencia, eficacia o calidad» (Albury, 2005); «el desarrollo exitoso, implementación y uso de nuevos productos, procesos, servicios o formas organizacionales» (Hartley, 2006); «algo nuevo que se realiza con (con suerte) valor agregado» (Jacobs y Snijders, 2008).[75]

Pero básicamente, la innovación es el uso de nuevos conocimientos para ofrecer un nuevo producto o servicio que los clientes desean. Es invención más comercialización.[76] Es, según Porter, «una nueva forma de hacer las cosas (denominada «invención» por algunos autores) que se comercializa».[77] El proceso de innovación no puede separarse del proceso estratégico y competitivo de una empresa que actúa en un contexto determinado. Netflix innovó porque su oferta era nueva, sus atributos fueron mejorados, ahora tiene nuevos atributos que nunca tenía antes, o nunca antes había existido en ese mercado. Se había convertido «una máquina del gusto». Se refería a la personalización de la predicción y la «matemización» del gusto.[78] Sea como sea, la forma de consumir ha cambiado poniendo en entredicho el modelo clásico de amortización. Las palancas de cambio en el modelo de consumo han sido tres: el modelo de explotación, la vigencia del contenido y el nivel de conocimiento de los usuarios

[75] Storsul, T., & Krumsvik, A. H. (2013). *Media innovations: A multidisciplinary study of change.* Nordicom, University of Gothenburg.

[76] Freeman, C. The Economics of Industrial Innovation. Cambridge, *MA: MIT Press*, 1982.

Roberts, E. B. What we've learned: Managing invention and innovation. Research Technology Management 31(1):11-29, 1988.

[77] Porter, M. E. The Competitive Advantage of Nations. New York: *Free Press*, 1990, p. 780.

[78] Alexander, N. (2016). Catered to your future self: Netflix's 'predictive personalization'and the mathematization of taste. *The Netflix effect: Technology and entertainment in the 21st century*, 81-97. New York: Bloomsbury.

destinados a consumirlo.[79] Todo ello con una gran innovación disruptiva a la que los jóvenes se adaptan con mucha facilidad.

Estamos ante un cambio sin precedentes. Ahora, las empresas de entretenimiento alientan a los consumidores a ver atracones de series, a descubrir y explorar nuevas producciones y a compartir la experiencia en línea con todos sus amigos. Esa es la clave de la innovación.

Pero esto de la innovación es muy difuso. Schumpeter sugirió por primera vez que las pequeñas empresas eran la fuente de la mayoría de las innovaciones. Más tarde cambió de opinión y sugirió que, por varias razones, las empresas con cierto grado de poder de monopolio tenían más probabilidades de ser las fuentes de innovación tecnológica. Sostuvo que las grandes empresas tienen la producción y otros bienes complementarios que son necesarios para comercializar una invención; tener el tamaño para explotar las economías de escala que prevalecen en I+D; son más diversificados y, por lo tanto, más dispuestos a asumir el tipo de riesgo inherente a los proyectos de I+D; tener mejor acceso al capital que las empresas más pequeñas; y, como monopolistas, no tienen competidores listos para imitar sus innovaciones y, por lo tanto, es más probable que invertir en ellos.

Porter argumentó que la innovación de una empresa es una función de tres características de su entorno local. Estos son factores-condiciones; condiciones de la demanda; industrias relacionadas y de apoyo; y firme estrategia, estructura y rivalidad. Condiciones de los factores, tales como recursos naturales, habilidades mano de obra, capital, instituciones educativas (universidades locales) y laboratorios de investigación privados que son depositarios de conocimiento científico, tecnológico y de mercado, pueden ser fuentes de ventaja local. Es a partir de tales depósitos de conocimiento que a

---

[79] Neira, E. (2018). Impacto del modelo Netflix en el consumo cultural en pantallas: *Big Data*, suscripción y *long tail*. *Anuario AC/E 2018 de Cultura Digital*.

menudo surgen nuevas ideas que podrían convertirse en productos o servicios.

También proviene de ese mundo a menudo el apoyo o el fomento de ideas de otros lugares. Dado que tal conocimiento es a menudo tácito y, por lo tanto, es mejor transferirlo en persona, localmente las empresas tienen una ventaja en la explotación de la innovación. Por otra parte, la falta de ciertos factores puede constituir una ventaja. Porter y Barney ofrecen «siete formas diferentes en que una empresa puede diferenciar sus productos: características del producto, tiempo, ubicación, mezcla de productos, vinculación entre funciones, vinculación con otras empresas y reputación».[80]

Sea como fuere, este análisis nos sirve para reflexionar sobre el contexto español y ver las condiciones de los factores como altamente positivo sobre todo la buena formación y la rápida transmisión de habilidades en el conjunto del sistema. La educación es uno de ellos: la consolidación de las facultades de comunicación y el éxito de la Formación Profesional Dual en el sector son un claro exponente del incremento de la productividad a través de la educación.

## Análisis de los factores clave de éxito (FCE)

Pero el estudio de la innovación de Netflix y las tendencias tecnológicas requieren de un análisis muy profundo porque la empresa debe seguir innovando y compitiendo, ya que el entorno está cambiando permanentemente. Este análisis se apoya en diferentes metodologías aplicados en tres obras fundamentales: una, los nuevos elementos de capacidad digital publicado por MITSloan sobre la base de 157 entrevistas de 50 compañías de 15 países[81]; dos, análisis

[80] Porter, M. E. Competitive Advantage: Creating and Sustaining Superior Performance. New York: *Free Press*, 1985. Barney, J. B. Gaining and Sustaining Competitive Advantage. Reading, MA: Addison-Wesley, 1997.
[81] Bonnet, D. and G. Westerman (2021). The new elements of digital transformation: The authors revisit their landmark research and address how the

de los factores claves de éxito comparando Netflix con APV[82] y, tres, la transformación del modelo de negocio sobre la base del análisis de la innovación tecnológica de 40 compañías punteras de la Universidad de Harvard.[83]

La adaptación a los cambios del entorno generalmente implica abrazar nuevas tecnologías, pero el hecho de usarlas no cambia una industria. La transformación implica un nuevo modelo de negocio donde esas tecnologías cubren una necesidad de un mercado emergente, en el caso que nos ocupa, el mercado SVOD. Esa fue la visión de Reed Hastings, que la gente quería ver sin esperar sus series y películas con gran flexibilidad a un precio satisfactorio.

Una empresa crea valor cuando satisface una demanda del cliente por un precio. Ese sistema de fijación de precios es lo que se conoce como «modelo de negocio». También describe la estructura de la empresa, incluidos sus socios y la cadena de suministro.

La investigación de Kavadias y Loch, referida anteriormente, identificaba seis claves de innovación para el éxito basado en un análisis de 40 nuevos modelos de negocios que parecían tener el potencial para transformar sus industrias. Los modelos de empresa con un mayor número de estas seis características se correlacionaron con una mayor probabilidad de transformación. Estas claves son las siguientes:[84]

1. Un producto o servicio más personalizado. Proporcionar productos o servicios que se adapten mejor a las necesidades individuales e inmediatas de los clientes que el modelo dominante.

---

competitive advantages offered by digital technology have evolved. *MIT Sloan Management Review* (Winter): 82-89.

[82] Song, M. (2021). A Comparative Study on Over-The-Tops, Netflix & Amazon Prime Video: Based on the Success Factors of Innovation. *International Journal of Advanced Smart Convergence*. Vol.10 No.1 62-74 (2021) http://dx.doi.org/10.7236/IJASC.2021.10.1.62

[83] S. Kavadias, K. Ladas, and C. Loch, The transformative business model: How to tell if you have one, *Harvard Business Review*, October. 2016.

[84] S. Kavadias, K. Ladas, and C. Loch. The transformative business model: How to tell if you have one, *Harvard Business Review*, October. 2016.

2. Un proceso de circuito cerrado. Reciclaje de productos usados para reducir los costos generales de los recursos.
3. Compartir activos. Compartir activos costosos reduce los costos y reduce las barreras de entrada.
4. Precios basados en el uso. A los clientes se les cobra cuando usan el producto en lugar de tener que comprarlo.
5. Un ecosistema más colaborativo. La colaboración con socios de la cadena de suministro asigna riesgos comerciales y facilita el ahorro de costos.
6. Una organización ágil y adaptable. Las decisiones en tiempo real se toman en función de los cambios en las necesidades del mercado.

En la ilustración 2 pueden verse de forma esquemática.

*Ilustración 2 Seis Claves de Innovación vinculadas a la Tecnología y a las Tendencias del Mercado*

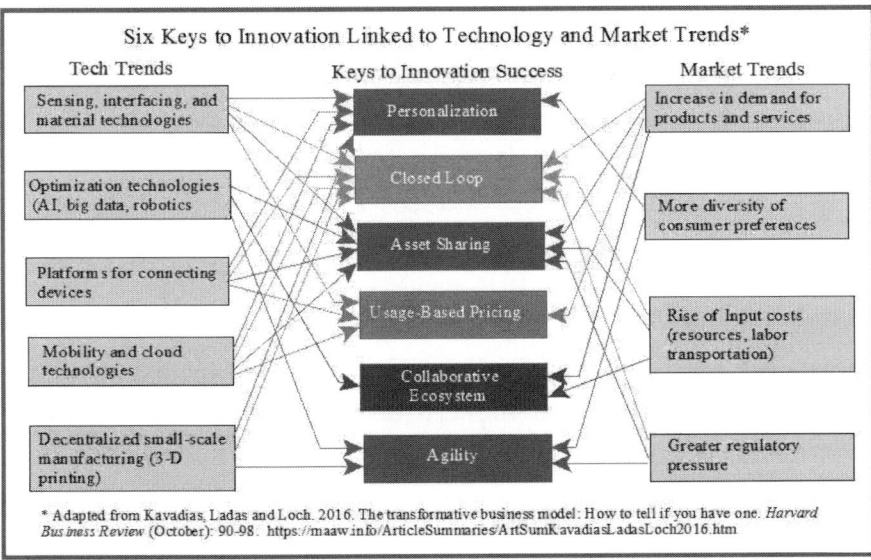

**Fuente**: *Kavadias, Ladas, Loch, 2016, op cit.*

Encontramos muchos ejemplos del mercado digital de empresas que han triunfado sobre la base de estas seis claves, como pueden ser Uber, Amazon o Airbnb. Estas claves que caracterizan la innovación exitosa están vinculadas a algunas tendencias tecnológicas y necesidades del mercado. La innovadora operación de taxis de Uber está asociada a cinco de las seis características clave. Estos incluyen compartir activos (los conductores usan sus propios autos), ecosistema colaborativo (los conductores asumen el riesgo de conseguir pasajeros, pero la plataforma minimiza el riesgo utilizando *big data*), tarificación basada en el uso (la tarifa varía para cada viaje), agilidad (un sistema interno de toma de decisiones responde en tiempo real) y personalización (los clientes califican a los conductores y pueden ver los conductores más cercanos y sus calificaciones en sus teléfonos móviles).

Las tendencias del mercado se pueden observar en la tercera fila de la Ilustración 2. Un producto o servicio personalizado es adaptado a las necesidades inmediatas e individuales de los clientes. Los algoritmos desempeñan un papel importante pues se basan en la experiencia de usuario o se compran datos de la huella digital para personalizar al máximo la oferta. La empresa usa la tecnología no solo para segmentar el mercado y personalizar los productos y servicios, sino también para ahorrar costes y fijar unos precios atractivos.

Todas las empresas tecnológicas triunfantes se basan en un circuito cerrado que permite una relación *one to one* reduciendo los costes. Inicialmente es abierto y luego es cerrado para no compartir el negocio con otros competidores. Otra forma de reducir las barreras de entrada por sus elevados costes son el intercambio de activos. Los clientes se benefician porque incurren en costos solo cuando las ofertas generan valor y la empresa se beneficia porque es probable que crezca el número de clientes. Las tecnologías de información mejoraran generalmente el ecosistema de colaboración, ayudan a asignar los riesgos comerciales eficazmente. Y, por último, las empresas innovadoras suelen usar la tecnología para satisfacer la demanda y adaptase en consecuencia mejor a los cambios del entorno.

Las empresas tecnológicas no paran de innovar para crecer y diferenciarse de la competencia provocando una transformación en las empresas determinante para poder adaptarse a los cambios. La creación de valor pasa por incorporar el Internet de las cosas, la realidad virtual, el *big data*, los algoritmos, la realidad aumentada y la inteligencia artificial. Las empresas de éxito han sabido aprovechar las oportunidades de la tecnología para crear una ventaja competitiva. Usan la tecnología para mejorar sus negocios y liderazgo para visualizar e impulsar el cambio organizacional de manera rentable. La transformación digital se ha vuelto más compleja, pero también más determinante a medida que aumenta el riesgo de quedarse atrás.

Los nuevos elementos de la capacidad digital son los siguientes (ver ilustración 3)[85]:

- Los elementos relacionados con la **experiencia del cliente** (diseño de la experiencia, inteligencia del cliente y compromiso emocional).
- Las **operaciones internas** (automatización de procesos centrales, operaciones conectadas y dinámicas y toma de decisiones basada en datos) siguen siendo importantes.
- La **experiencia de los empleados** se ha ampliado y ahora tiene su propio conjunto de elementos (aumento, preparación para el futuro y flexibilidad).
- Los elementos de la innovación del **modelo de negocio** también se han ampliado para incluir el aumento de los negocios de plataformas multifacéticas y los jugadores de plataformas globales.
- La **plataforma digital** también se ha vuelto más importante como base de todos los demás elementos de la empresa (núcleo, cara externa y datos).

---

[85] Bonnet, D. and G. Westerman. 2021. The new elements of digital transformation: The authors revisit their landmark research and address how the competitive advantages offered by digital technology have evolved. *MIT Sloan Management Review* (Winter): 82-89.

*Ilustración 3 Los nuevos elementos de la capacidad digital*

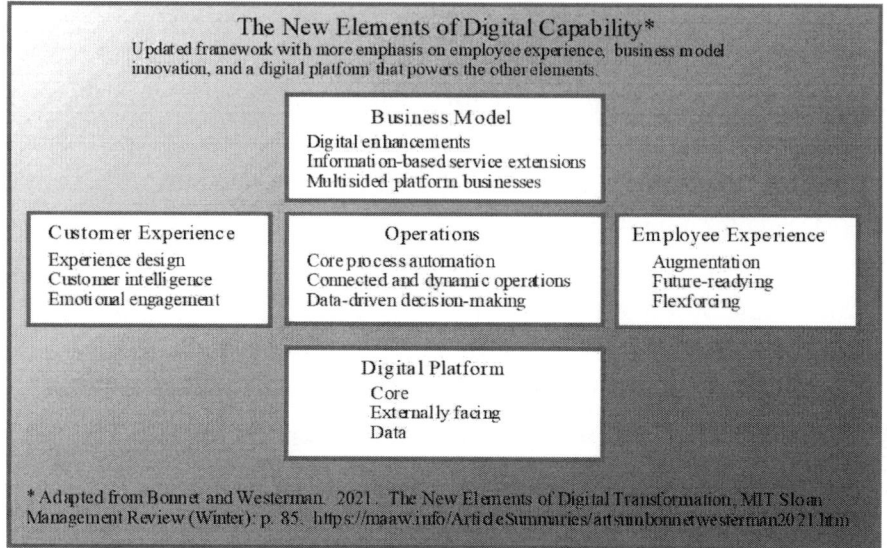

The New Elements of Digital Capability*
Updated framework with more emphasis on employee experience, business model innovation, and a digital platform that powers the other elements.

Business Model
Digital enhancements
Information-based service extensions
Multisided platform businesses

Customer Experience
Experience design
Customer intelligence
Emotional engagement

Operations
Core process automation
Connected and dynamic operations
Data-driven decision-making

Employee Experience
Augmentation
Future-readying
Flexforcing

Digital Platform
Core
Externally facing
Data

* Adapted from Bonnet and Westerman. 2021. The New Elements of Digital Transformation, MIT Sloan Management Review (Winter): p. 85. https://maaw.info/ArticleSummaries/artsumbonnetwesterman2021.htm

Pero estos nuevos elementos de la capacidad digital hay que verlos en el contexto de las cinco tendencias que son fundamentales para entender la innovación de las plataformas SVOD (ver Ilustración 2). Aunque existen listados de otras tendencias de otras consultoras son englobadas por estas cinco.[86] Estas son las siguientes, siguiendo la publicación de Harvard sobre la innovación de 40 empresas punteras:

- El desarrollo de sensores que permite una captura de datos mayor y más barata.
- *Big data*, inteligencia artificial (IA), robótica, etc.
- Dispositivos conectados (IoT).
- La computación en la nube permite la manipulación y el análisis de datos descentralizados y generalizados.
- Los avances en la fabricación, como la impresión en 3D, crean más posibilidades para la producción distribuida y a pequeña escala.

En la misma ilustración pueden verse las tendencias del mercado de las plataformas OTT:

---

[86] Gartner. Top Strategic Technology Trends 2023. (www.gartner.com).

- Incremento de la demanda de servicios.
- Mayor diversidad para atender las preferencias de los consumidores.
- Incremento de los costes de la propiedad intelectual.
- Mayor presión regulatoria en muchos aspectos como las cuotas, etc.

A continuación, vamos a ver la situación de las cinco llaves de innovación del éxito de Netflix teniendo en cuenta esas cinco tendencias tecnológicas, así como los propios vectores del cambio que se vislumbran en el mercado. No se tiene en cuenta la clave de compartir activos por no ser pertinente en el caso de Netflix.

El crecimiento de la demanda y la mayor segmentación de los clientes de acuerdo a sus preferencias y las regulaciones que limitan el crecimiento hacen incrementar los costes y los retos para ganar o mantener cuota de mercado. La situación de Netflix en estas seis claves de innovación permite derivar que tiene una mayor probabilidad de transformación y adaptación a los modelos de negocio. Para ello, veremos algunos elementos del análisis planteado en la comparativa entre Netflix y Amazon que sean comunes para inspirarse para innovar. Comparar sus experiencias y la forma en que se sumergieron profundamente en la innovación puede ayudar a la industria de los medios a hacerse un hueco en el mercado actual de medios orientado al cliente.[87]

Excluyendo el factor de compartir activos que no tiene sentido en el análisis, los cinco factores de éxito son los siguientes:

- **Personalización.** Mucho se ha escrito sobre el sistema de recomendación de Netflix.[88] La personalización se refiere a como una plataforma se adapta a las necesidades individuales e inme-

---

[87] Song, M. (2021). A Comparative Study on Over-The-Tops, Netflix & Amazon Prime Video: Based on the Success Factors of Innovation. *International Journal of Advanced Smart Convergence*. Vol.10 No.1 62-74 (2021) http://dx.doi.org/10.7236/IJASC.2021.10.1.62

[88] Frey, M. (2021). Netflix Recommends: Algorithms, Film Choice, and the History of Taste. Univ of California Press y Carrillo, J. (2018): *Paradigma Netflix: El Entretenimiento de Algoritmo.* Barcelona: UOC.

diatas. Por eso se habla algunas veces de microsociología. Parte de la idea de que cada cliente tiene una experiencia individual y única, ya que debe elegir entre diferentes narrativas. Al elegir entre diferentes opciones y determinar cómo se desarrollará la historia, los clientes están a cargo y pueden tomar las decisiones por sí mismos.

Netflix es la empresa puntera en este tema. Utiliza los datos de visualización de los clientes, el historial de búsqueda, los datos de calificación, así como la hora, la fecha y el tipo de dispositivos utilizados para predecir qué se les debe recomendar. También usa el «factor tiempo», ya que no es lo mismo la sobremesa y el *prime time*. Y, por último, ha trabajado correctamente el aspecto de la interactividad (recordar el capítulo «Black Mirror: Bandersnatch», en el que el espectador podía decidir cómo continuará la historia).

Esa información basada en la experiencia interactiva ofrece un gran potencial para ser utilizada próximamente por ***marketing* programático** para vender mejor la publicidad. También puede asociar productos con contenido o datos demográficos específicos. Esto será revolucionario porque se ajustarán claramente los públicos objetivos de las campañas con la creación-producción y recomendación de los diferentes contenidos. Podemos decir que Netflix es vanguardia en la personalización de la televisión.

- El **bucle cerrado** se refiere a un sistema de control automático en el cual una operación, proceso o mecanismo es regulado por retroalimentación. Generalmente, la retroalimentación puede ser negativa o positiva. En la industria de los medios, un bucle de retroalimentación es la parte de un sistema en el que la salida del sistema se utiliza como entrada para operaciones futuras y tiene cuatro etapas: la entrada se crea, se almacena y se analiza la información obtenida para tomar decisiones con posterioridad. Estos sistemas de recogida y análisis de la información reducen los costes notablemente y son claves para desarrollar los modelos de negocio.

Todd Yellin, el vicepresidente de producto que ha estado en la empresa durante diez años, afirma que

Netflix siempre está probando y maquinando. Cada vez que haces clic en reproducir, pausar o, por Dios, dejar de ver la televisión por completo, recopila datos sobre tus preferencias. Distribuida en más de 300 millones de perfiles de usuario, esta es una cantidad colosal de información. Y todo retroalimenta lo que ves la próxima vez que buscas algo para ver...[89]

Netflix no incluye la edad o el género en su sistema de recomendaciones porque no cree que sean útiles. Las pruebas A/B le permiten a Netflix comprender la psicología de sus clientes, utilizando los datos recopilados para personalizar su experiencia de la manera más efectiva posible.

Con respecto al ciclo de retroalimentación de contenido, el esfuerzo del ciclo de retroalimentación de Netflix se extiende al contenido de marca.

La edad promedio de los espectadores de Netflix es de 31 años, parte de un grupo muy buscado por las empresas, ya que los jóvenes evitan la transmisión y la televisión de pago como la televisión por cable y se sabe que odian los anuncios. Algunas empresas coquetean con Netflix en las redes sociales.

En promedio, una persona ve de 40 a 50 títulos antes de elegir lo que va a ver. Quizás la mayor personalización en Netflix son las filas de programas que se le presentan al usuario. Estos se basan en gran medida en la visualización de la historia.

Si comienzas a ver una serie, pero no llegas al final, el algoritmo de Netflix ocasionalmente volverá a mostrar el programa inacabado en un intento por tentarte de nuevo.[90]

- **Negocio basado en el uso y no en la compra.**[91]

---

[89]  M. Burgess, This is how Netflix's secret recommendation system Works, https://www.wired.co.uk/article/netflix-data-personalisation-watching

[90]  *Ibídem.*

[91]  Song, 2021, *op cit.*

Existen ofertas de precios basadas en suscripciones los clientes acceden a un producto o servicio basado en el «uso». Los ingresos por suscripción crecieron cinco veces más rápido que los ingresos de las empresas S&P 500 (18,2 % frente a 3,6 %) entre 2012 y 2019.

Las empresas que utilizan precios de suscripción vieron que su tasa de retención de clientes aumentaba más rápido, en comparación con el promedio de la industria. Los clientes solo pagan por su uso y el precio depende de un resultado.

Pueden reducir los costos operativos al atender a los clientes a escala a través de una plataforma y proporcionar información más profunda sobre los patrones de consumo para dirigir las ventas adicionales. Precios alternativos, el modelo *freemium* es la práctica de ofrecer un conjunto básico de servicios de forma «gratuita».

La mayoría de los clientes utilizan las ofertas de servicios de forma gratuita y una proporción más pequeña paga por servicios adicionales servicios y tiene un éxito notable en Internet, donde los servicios básicos son proporcionados por el vendedor a casi coste cero.

Estos sistemas de uso permiten a una empresa escalar su base de clientes rápidamente con poco o ningún costo incremental. Incluye el servicio inicial «gratuito» y puede ser aplicado a las circunstancias en línea. Los clientes también pueden tener acceso a una versión de prueba gratuita del servicio que tiene pocas características y puede escalar a una versión ampliada pagando un precio.

Sus ventajas para las empresas son menores costes de *marketing* y una base de clientes potenciales que pagan.

- Los innovadores del **ecosistema de colaboración** en el sector de los medios han pasado del dispositivo al contenido, porque todo lo relacionado con el futuro es contenido, que no es propiedad intelectual, sino asociaciones para la innovación. «El contenido es el rey», aclamaba hace décadas Bill Gate. Netflix tiene cientos de acuerdos con proveedores de contenido muy semejantes al de Secuoya en España.

Pero no solamente tiene acuerdos de colaboración con productoras, sino que también tiene acuerdos con todos los operadores de televisión de pago en el mundo menos en China. De hecho, las OTT se han convertido en ingresos adicionales para los operadores de la televisión de pago. Se han convertido en una nueva ventana de amortización por lo que tiene acuerdos de colaboración con las televisiones públicas y privadas.

Y acuerdos con productoras de gran tamaño en todos los mercados, además de atender proyectos de productoras muy pequeñas (ver más adelante). Eso da una idea de la fortaleza que tiene en ese sistema de colaboración. Como fruto de esa colaboración, se estima que Netflix tiene más de 4000 títulos en su catálogo. La inversión de Netflix también parece reforzar los desequilibrios de poder existentes en Europa a medida que se intensifican las diferencias entre los mercados de medios pequeños y grandes[92]. Es normal que se hable de lo que se innova sobre la base de muchas innovaciones. Hay que tener en cuenta que se colabora con otras empresas que innovan. Se puede decir que es hay una **innovación colaborativa**.

- Por último, la **agilidad organizacional** es
  la capacidad de una organización para renovarse, adaptarse, cambiar rápidamente y tener éxito en un entorno ambiguo, turbulento y que cambia rápidamente. La agilidad no está reñida con la estabilidad, todo lo contrario. La agilidad requiere estabilidad para la mayoría de las empresas[93].

- Cuanto más flexible es la empresa y más rápido puede adaptarse a los cambios inevitables de la industria, mejor preparada estará

---

[92] Afilipoaie, A., Iordache, C., & Raats, T. (2021). The 'Netflix Original' and what it means for the production of European television content. *Critical Studies in Television*, 16(3), 304-325. https://doi.org/10.1177/1749602021023318

[93] McKinsey, The keys to organizational agility, December 1, 2015. https://www.mckinsey.com/capabilities/people-and-organizational-performance/our-insights/the-keys-to-organizational-agility

para ganar cuota de mercado, para mejorar la organización eficiencia y aumentar la satisfacción y lealtad del cliente. Hay tres tipos de agilidad organizacional: la agilidad estratégica es la capacidad de adaptar las ventajas competitivas a través de nuevas innovaciones lo más rápido posible, la agilidad operativa es la capacidad de adaptarse a nuevas oportunidades con el potencial de mejorar las operaciones, y la eficiencia operativa que es la capacidad de mover los recursos de la empresa para mejorar el negocio[94].

- La agilidad organizacional de Netflix se resume en dos principios que Hastings adoptó desde el principio:

   1. Netflix como anti-Apple. El lema es «contexto, no control». La información se comparte. El contexto es algo que se debe aceptar e incluye estrategia, objetivos, funciones claramente definidas, conocimiento de lo que está en juego y transparencia en torno a la toma de decisiones. La toma de decisiones se realiza en cada mercado conociendo los objetivos estratégicos.[95]

   2. **Libertad con responsabilidad».**[96] Netflix señala que lo que hace su empresa tan especial es que:
   alientan la toma independiente de decisiones en los trabajadores, comparten información abierta, amplia y deliberadamente, son extraordinariamente sinceros entre ellos mismos, se quedan solo con las personas que demuestran alta efectividad y evitan las reglas rigurosas Su filosofía es **personas por encima de procesos** y tienen a un equipo de calidad que trabajan como un **equipo soñado.** Con ese enfoque se consideran una empresa flexible, divertida, estimulante, colaborativa y exitosa (https://jobs.netflix.com/culture).

[94] Song, 2021, *op cit.*
[95] Hastings, R. *No Rules Rules: Netflix and the Culture of Reinvention,* Penguin Press, September 2020.
[96] McCord, P. Powerful: Building a Culture of Freedom and Responsibility, Silicon Guild, January 2018.

Fomentar un ecosistema de innovación requiere una cultura y una competencia de administración: realizar los tipos de inversiones y mejoras que no solo son oportunistas, sino que reflejan y respetan los valores fundamentales que desea perdurar.[97] Esta ha sido unas de las claves del éxito.

## Agilidad, estrategia y selección de proyectos

Una **cultura organizacional** es el conjunto de valores, creencias, actitudes, principios y expectativas de comportamientos que identifican y caracterizan a una organización, así como a los miembros que la conforman sin importar su cargo o nivel de gestión. La agilidad organizacional de Netflix sobre la base de los dos principios anteriormente citados ha sido clave para adaptarse con rapidez a los cambios. La transformación de la empresa para lograr la agilidad organizativa está en sus inicios. Si bien los caminos pueden variar, los resultados de la encuesta sugieren cómo comenzar. Los rápidos cambios en la competencia, la demanda, la tecnología y las regulaciones han hecho que sea más importante que nunca que las organizaciones puedan responder y adaptarse rápidamente.

Sin embargo, según una encuesta global reciente de McKinsey, la agilidad organizacional (la capacidad de reconfigurar rápidamente la estrategia, la estructura, los procesos, las personas y la tecnología hacia oportunidades de creación y protección de valor) es esquiva para la mayoría. Muchos encuestados dicen que sus empresas no implementaron completamente formas ágiles de trabajar, ya sea en toda la empresa o en las unidades de desempeño donde trabajaban. Los encuestados en unidades ágiles informan un mejor desempeño que todos los demás, y las empresas en entornos más volátiles o inciertos tienen más probabilidades que otras de buscar transformaciones ágiles.[98]

---

[97]   M. Schrage, How Innovation Ecosystems Turn Outsiders into Collaborators, *Harvard Business Review*, April 30, 2014.

[98]   McKinsey. How to create an agile organization. October, 2017. https://www.mckinsey.com/capabilities/people-and-organizational-performance/

Netflix ha cambiado de estrategia. Ha dejado de apoyarse exclusivamente en la experiencia del usuario y en los algoritmos para empezar a tomar decisiones intuitivas que le permiten conocer mejor el mercado e innovar permanentemente en todos los aspectos de la plataforma. En el pasado alimentó activamente lo que se conoce como «el mito de los grandes datos», promoviendo su sistema de recomendación y la producción basada en datos como de vanguardia, que todo lo ve y todo lo sabe. Hoy, sin embargo, la empresa reconoce cada vez más el papel de la experiencia y la creatividad humana. Se ha explorado el reposicionamiento estratégico de Netflix de una empresa de tecnología a una empresa de entretenimiento, lo que les permite entenderse tanto como «datos» como «instinto». Esta transformación se discute como motivada por la creciente crítica pública de datos y algoritmos y la incursión de la empresa en la programación original. Más específicamente, se examinó cómo los datos masivos y cómo esas ideas se incorporan al discurso público. Estas fuentes revelan una suposición de características opuestas entre los datos y la experiencia y la creatividad humana.[99]

Netflix ha modificado en los últimos años buscando proyectos locales para mejorar en diversidad su catálogo global. La entrada normal se ha realizado a través de dos puertas:

1. Productos que nos proponen los creadores y las productoras.
2. Producto licenciado mediante fórmulas variadas como la coproducción, la segunda ventana para España o para el resto del mundo.

El equipo de Netflix también es proactivo en el caso de la primera vía de entrada de propuestas en adaptaciones de libros, obras de teatro, etc. Las decisiones balancean entre los diferentes géneros y siguen una estrategia clara con el objetivo de conseguir mayor au-

our-insights/how-to-create-an-agile-organization#/
[99] van Es, K. (2022). Netflix & *Big data*: The Strategic Ambivalence of an Entertainment Company. *Television & New Media*, 0(0). https://doi.org/10.1177/15274764221125745

diencia. Existen cuatro áreas en el equipo de selección que filtra y toma decisiones consensuadas. Toda la estrategia de decisión se fundamenta en una relación de confianza con los colaboradores. Por eso es habitual las sesiones de *pitcher*. Dependiendo de cómo llegan las propuestas la flexibilidad es máxima para poder decidir rápidamente la estrategia. También, se puede solicitar información adicional antes de tomar una decisión, como contratar la biblia de una serie o realizar un piloto. Netflix no exige un estándar a los que proponen proyectos. Toda propuesta es estudiada si encaja en la estrategia general.

Netflix ha situado a los creadores en el centro de su estrategia, y su relación y trato con estos tiende ser diferente a la de otros operadores. Esto ha sido una innovación importante en su cultura corporativa. Evidentemente hay una estrategia de balancear los géneros para atender a todos los públicos de la plataforma, pues esa estrategia también pretende reforzar la diversidad del catálogo diverso. En España, además, una de las claves del liderazgo es entender la pluralidad y diversidad cultural. En la casa se dice que «Netflix ha llegado a España, no a Madrid». Desde el convencimiento de esa acertada y arriesgada máxima, el equipo de selección va donde están los creadores y el talento. Se refuerza así la creatividad, pues se atiende personalmente a las productoras y a la deslocalización existente. Este planteamiento novedoso de acercamiento al talento ha dado su fruto en los últimos años.

El perfil del equipo de selección está bastante equilibrado ente personas que conocen el negocio y la industria y los que conocen personalmente el proceso de creación.

Cuando deciden sobre los proyectos no atienden a los gustos y la diversidad internacional. Mas bien piensan en la lógica del «piensa y actúa en local», conscientes de que es la mejor fórmula para abordar la demanda global. Netflix impulsó esa estrategia desde el inicio.

En muchas ocasiones también ponen en contacto a los creadores con productoras porque entienden que puede encajar la forma de trabajar con el producto.

Por tanto, la innovación de Netflix en cuanto selección de proyecto se basa en el convencimiento del trabajo en equipo con una estrategia previamente definida y con mucha libertad de la matriz. Con todo ello se pretende un balanceo entre géneros y públicos, una buena relación con los creadores, equilibrar propuestas externas con ser proactivo en propuestas hacia fuera aprovechando el saber hacer y el conocimiento de sus «proveedores». Al final existe una gran flexibilidad en las propuestas dirigidas al mercado local.

En el fondo se trata de crear un ecosistema innovador basado en la cooperación constante. Mientras que los innovadores exitosos obtienen nuevas ganancias de nuevos productos y servicios,

> los ecosistemas de innovación exitosos cultivan la rentabilidad al alentar a otros a crear nuevas ofertas valiosas. Su futuro financiero depende del grado que involucre a sus clientes, canales y socios. Los ecosistemas verdaderamente efectivos logran convertir a los extraños en colaboradores de facto.[100]

El denominador común de las empresas que han triunfado en el sector de la tecnología no es simplemente un intercambio de valor, sino ofrecer nuevas oportunidades de colaboración, incluso a sus clientes o usuarios. El éxito proviene de explorar cómo convertir a los socios en innovadores más valiosos. La colaboración que ha fomentado Netflix en todos los países creando un ecosistema de innovación en los que ha invertido en producción ha sido uno de los factores clave de éxito como hemos visto.

Hay un debate sobre si el desconocimiento o conocimiento de los datos de consumo sesgan a los creadores. Por un lado, los creadores/productoras deberían conocer algunos datos de las audiencias que tienen las plataformas SVOD para corregir segundas temporadas u otras nuevas propuestas. Pero tampoco se ven presionadas por la dictadura del *share*. Un reciente estudio señalaba que sería bueno compartir información, pero

> los creadores tienen un mayor control de los aspectos creativos cuando trabajan para plataformas de transmisión y no dependen de indicadores de consumo para tomar decisiones. En este sentido, su

---

[100] M. Schrage, How Innovation Ecosystems Turn Outsiders into Collaborators, *Harvard Business Review*, April 30, 2014.

libertad y alcance creativo son mayores. En lugar de ser dictados por los datos de consumo de la audiencia, conservan su conocimiento industrial para crear historias con narrativas nuevas y sorprendentes que atraen a los espectadores.[101]

El fenómeno de «plataformización» de la sociedad actual puede entenderse de muchas maneras.[102] Es obvio el valor de la información personal para comercializarse para realizar campañas comerciales, pero el verdadero poder de las empresas dueñas de pasarelas de paso está sobre el control que tienen sobre la producción, distribución y consumo de todo tipo de contenidos, productos y servicios. Ese control creciente del conjunto de la cadena de valor está influyendo en el futuro de la industria de medios y en la producción cultural en general. Existen percepciones críticas sobre cómo las plataformas se han convertido en una paradoja porque no facilitan verdaderamente la interacción social, cultural y socioeconómica.[103] Pueden ser que los algoritmos estén diseñados para maximizar sus beneficios, pero también es cierto que la totalidad de las plataformas SVOD financian contenidos. Otra cosa distinta es que busquen, y no todas, sinergias con otros negocios o la fidelización. Sin duda, son una forma de mediación.[104]

Controlan muchos datos y su análisis no es neutral en términos generales. La gestión de los datos está afectando a la experiencia cul-

[101] Medina, M., Diego, P. and Portilla, I. Are Video Streaming Platforms Stifling Local Production Creativity? The Spanish Case, Creativity. Theories - Research - Applications, vol. 9, no. 2, 2022, pp. 138-155. https://doi.org/10.2478/ctra-2022-0015

[102] Álvarez, J. M. y Santín, M. *The marketing of UGC, media industries and business influence: the Hydra of Lerna and the Sword of Heracles*, pp. 19-38, en Álvarez-Monzoncillo, J. M. (2022): The Dynamics of Influencer Marketing. A Multidisciplinary Approach. London: Routledge.

[103] Gillespie, T. (2017). Algorithmically recognizable: Santorum's Google problem and Google's Santorum problem. *Information, Communication & Society* 1, 63-80.

[104] Powell, A. (2019). The Mediations of Data. In Curran, J. & Hesmondhalgh, D. (Eds.) *Media and Society, 6th Edition* (pp. 121-138). London: Bloomsbury Academic.

tural, a la exposición publicitaria y al tipo de socialización posibles según datos demográficos y niveles socioculturales. La mayor parte de las plataformas influyen en la creación de los creadores culturales y hacen que los esos productos sean contingentes.[105] Estos autores también señalan las contradicciones internas y las tensiones inherentes de las principales plataformas comerciales basadas en torno al valor del contenido originalmente *amateur*.

Las plataformas aparentemente son neutrales y distribuyen contenido plural, intentando satisfacer la demanda de todo de contenidos, pero en el fondo determinan «las estrategias, rutinas, experiencias y expresiones de creatividad, trabajo y ciudadanía que dan forma a la producción cultural a través de plataformas».[106]

A pesar de que el control y el poder de las plataformas es increíble, pensamos que ese status quo puedo cambiar por el gran nivel de innovación de los usuarios y la propia tecnología. El nivel de emprendimiento y la creación constante de *start up* desestabilizan el ecosistema de poder las plataformas. También los gobiernos comienzan a ser conscientes de la necesidad de regular el proceso de interacción social a través de las plataformas en la medida que están en juego los derechos de los ciudadanos. La incertidumbre es grande, pero el poder de la hidra no será eterno y absoluto. La innovación tecnología y el poder de los usuarios juegan en su contra. También aparecerán los competidores, incluso entre ellos. Y por supuesto muchos piratas que ayudan a desestabilizar. Y esperemos que la voz de la gente no sea solamente reconocida por Alexa, Siri o Cortana o esté representada por sus *influencers* favoritos.[107]

[105] Nieborg, D. B., & Poell, T. (2018). The platformization of cultural production: Theorizing the contingent cultural commodity. *New Media & Society*, *20*, 4275-4292

[106] Duffy, B. E., Poell, T., & Nieborg, D. B. (2019). Platform practices in the cultural industries: Creativity, labor, and citizenship. *Social Media+ Society*, *5*(4), pág. 2.

[107] Álvarez, J. M. y Santín, M. *The marketing of UGC, media industries and business influence: the Hydra of Lerna and the Sword of Heracles*, pp. 19-38, en

# 7.

# Conclusiones

El ecosistema audiovisual español está cambiando radicalmente porque se ha incrementado el nivel de competencia entre los operadores y los creadores de contenido generando un círculo virtuoso de innovación que ha supuesto un empuje importante en su internacionalización.

Las cifras estimadas de negocio del sector audiovisual para el año 2024 son 8000 millones de euros, un nivel de empleo de 85 000 trabajadores y exportaciones que superarán los 1000 millones de euros. Salvando el retroceso de los ingresos por los efectos de la pandemia, todas las partidas de financiación se han incrementado en los últimos años (subvenciones, publicidad y gasto por consumo). La tendencia y las previsiones son al alza en los próximos años.

El incremento del mercado ha supuesto la entrada de nuevos agentes en toda la cadena de valor, nuevas alianzas empresariales y el florecimiento de un tejido innovador basado en la creación de pequeñas y medianas empresas que colaboran normalmente con otras productoras de mayor tamaño que alimentan a los canales de televisión, a las plataformas y a los diferentes sistemas de distribución. También es destacable el fenómeno de los *users generated content* (UGC) que generan contenido de mayor calidad y que tienen una audiencia creciente que distribuyen por redes sociales/plataformas, y que tan interesante es para las marcas en sus procesos de fidelización y reputación.

Álvarez-Monzoncillo, J. M. (2022): The Dynamics of Influencer Marketing. A Multidisciplinary Approach. London: Routledge.

De todo ello se deduce que se ha mejorado la gestión del talento y la gestión empresarial. Y, como consecuencia, se han incrementado la productividad y las exportaciones. La otra cara de la moneda es la desaparición constante de empresas y algunas iniciativas que fracasan comercialmente que conviven con altos niveles de precarización de muchos profesionales que no consiguen trabajar de forma continuada.

La mayor competitividad del conjunto del ecosistema se debe a los siguientes factores:

- La entrada de los operadores SVOD en el mercado, que no solo han invertido en producción y en la compra de producto licenciado, sino que han mejorado la visibilidad internacional de las obras audiovisuales españolas, y han trasladado su conocimiento en los procesos de trabajo y en la selección de proyectos.
- El incremento de la competencia entre los diferentes operadores y productoras creando un círculo virtuoso.
- La innovación tecnológica.
- Mejor gestión del talento y el nuevo entorno laboral, así como la mejora del proceso de asimilación de las innovaciones y de la gestión.
- Las desgravaciones fiscales a la producción, el incremento de las subvenciones al sector y el *Spain Audiovisual Hub*.

La hipótesis planteada en el estudio asume que la competitividad del ecosistema audiovisual se ha incrementado en los últimos años como consecuencia de una mayor visibilidad internacional por la distribución global de los operadores SVOD y su transferencia de conocimiento al sector.

La medición de la competitividad del ecosistema audiovisual español se basa en los datos oficiales disponibles (ingresos, las exportaciones y el empleo), en una encuesta de percepción internacional a prescriptores internacionales, en un análisis de los factores clave de éxito de Netflix por ser la empresa líder en el negocio de la televisión por suscripción, y una encuesta a los proveedores estratégicos de Netflix.

Los resultados de la encuesta de percepción señalan una mejora de la visibilidad y reputación de las obras audiovisuales españolas en el mundo al distribuirse de forma más eficiente por las plataformas globales. Los datos más destacables se muestran a continuación:

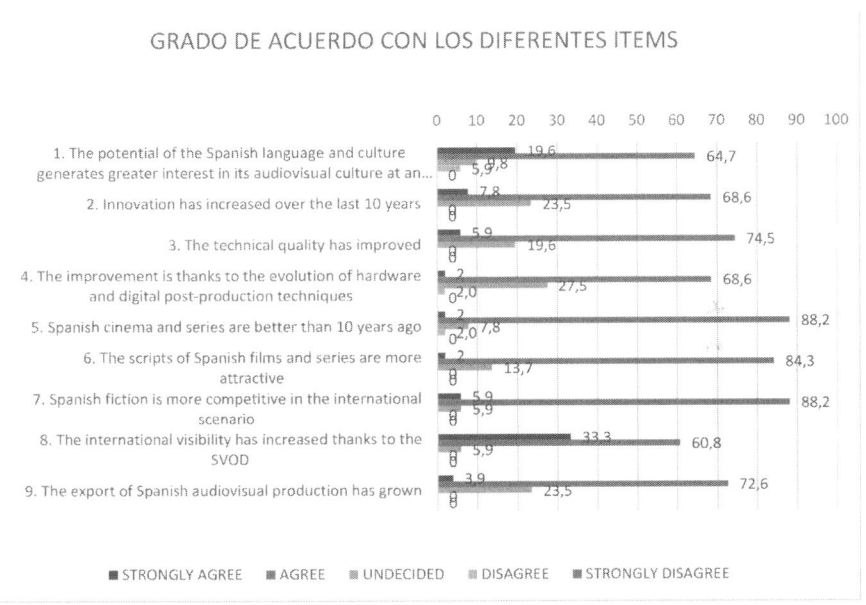

GRADO DE ACUERDO CON LOS DIFERENTES ITEMS

Este gráfico recoge el porcentaje de los que están muy de acuerdo o de acuerdo con las diversas afirmaciones relativas a las producciones audiovisuales españolas. Destaca el alto porcentaje de encuestados que están muy de acuerdo con la afirmación de que la visibilidad internacional de las obras españolas en los mercados internacionales ha mejorado. En general, la gran mayoría de los encuestados se manifiestan de acuerdo con el hecho de que existe en el contexto internacional un mayor interés por las obras audiovisuales españolas, que la calidad técnica, su innovación y competitividad han mejorado en los últimos años, y que la mayor visibilidad de las películas y series es debido a las plataformas SVOD.

Las interacciones de plataformas son muy numerosas en el conjunto de la cadena de valor audiovisual. A partir de las tendencias del mercado (incremento de la demanda de servicios, mayor diversidad para atender las preferencias de los consumidores, incremento de los costes de la propiedad intelectual y mayor presión regulatoria) y de las tendencias del mercado (el desarrollo de sensores que permite una captura de datos, *big data*, inteligencia artificial (IA), robótica, etc., dispositivos conectados (IoT), computación en la nube y el análisis de datos descentralizados y generalizados, avances en la fabricación, como la impresión en 3D, etc.) se derivan los cinco factores clave de éxito en la innovación (personalización, *closed loop*, precio basado en uso, ecosistema colaborativo y agilidad en la organización).

Las innovaciones tecnológicas de los últimos años relacionadas con la calidad de imagen y sonido inmersivo (UHD/4K, Dolby Atmos), así como los *workflows* y los VFX/ICVFX, han sido espectaculares. Cabe destacar cómo el proceso de trabajo de postproducción se ha transformado desde una óptica integral. Todo ese saber hacer de innovación se ha trasladado al conjunto del ecosistema, no solamente a través de la colaboración permanente con sus colaboradores, sino, también, con acciones formativas con el sector. De esta manera, Netflix está contribuyendo al desarrollo y la competitividad de su entorno, generando valor añadido y oportunidades de crecimiento.

Teniendo en cuenta la mejora de la percepción del audiovisual español por las plataformas, el análisis de esas cinco claves de éxito en la innovación y la innovación tecnológica, concluimos que Netflix es uno de los factores principales del incremento de la competitividad del ecosistema audiovisual español y de la mejora de la reputación internacional.

Nos atrevemos a avanzar que el ecosistema de entretenimiento audiovisual mejorará en los próximos años porque sus recursos van a crecer, porque la presencia internacional de las obras audiovisuales va a mejorar y porque la gestión empresarial es cada vez más eficiente. El incremento de la competitividad del ecosistema es clave para crear empleo y riqueza de un país en el que el sector audiovisual que tiene importantes sinergias con el conjunto de sus industrias creativas.

# 8.

# Anexos

## Anexo 1. Listado de las instituciones

Hollywood Reporter
IndireWire
Variety
Les Cahiers du Cinéma
The New York Times
City College of San Francisco
King's College London
Goldsmiths, University of London
NYU's Cinema Studies
UCLA (Department of Film, Television and Digital Media)
Korea National University of Arts
Jawaharlal Nehru University
Universiti Malaya
Berlin International Film Festival
Venice International Film Festival
Pier Paolo Pasolini Research Center
Melbourne International Film Festival
Sydney Film Festival
Indian film Critic
NBC's The Today Show
Syrian Film Critic

The New Yorker
Esquire/Panix
Indian film critic
The Hindu
The Guardian
Entertainment Weekly
Rolling Stone
American Film Critic
University of Wisconsin-Madison
Indian film critic (Hindustan Times)
Japanase Film Festival + independent cinema
Japanese avant-garde and Experimental Film Festival
Filmmaker currently based in Ethiopia
Tokio University
Tokyo Festival (TIFF)
Festagent
Shanghai International Film Festival
Japan Indies Film Festival
Bali International Film Festival
Okinawa International Film Festival
Mumbai Film Festival
International Thai Film Festival
All Asian Independent Film Festival
Sundance Film Festival: Asia
Hong Kong International Film Festival
Busan International Film Festival
Director / Miembre de jurado de festivales
Telluride Film Festival
Revista de Crítica Cultural
Artista Independiente
La Sapienza
CIAK (Revista italiana especializada en cine. Milán)
Iulm
Goethe Universität

University of Michigan
Unversitá Cattolica del Sacro Cuore
Vrije Universiteit Amsterdam
Universitá degli Studi di Milano
Université Sorbonne Nouvelle - Paris III
UQAM. Faculté de communication. Ècole des Médias
Università degli Studi.
American Film Market
University South of California
Festival de Cine Africano (FCAT)
Cape Town International Film Market and Festival
Latin America Training Center
Latin American Film Commission Network - LAFCN
Consultora Independiente / Brasil
Screen Capital
Alebrije Cine y Video
Financial Times
Ivania Films (Mexico)
Banco Interamericano de Desarrollo
Film Andes
Brasil Audiovisual Independiente
Latin Rights
Sofa Digital
President of the Chilean Academy of Motion Pictures
Sociedad Mexicana de Autores de Fotografía Cinematográfica
Sweden film critic
NORD - New Nordic Voices
Stockholm University of the Arts
Warsaw Film School
Taipei Times
Simon Fraser University
Università Cattolica/Corriere della sera
Università di Bologna
Cineguru

Università La sapienza/Il foglio
Il sole 24 ore
Le Film Français
AlloCiné
Cannes Séries

## Anexo 2. Cuestionario de percepción internacional a presciptores

International Perception Regarding Spanish Audiovisual
    Works

SurveyMonkey 1 / 9

P1. The potential of the Spanish language and culture generates greater interest in its audiovisual culture at an international level.

P2. Innovation in the Spanish audiovisual sector has increased over the last10 years.

P3. The technical quality of Spanish films and series has improved over the last 10 years thanks to an increase in budgets.

P4. The improvement in Spanish audiovisual production is thanks to the evolution of hardware in general and digital post-production techniques.

P5. Spanish cinema and series are, in general terms, better than 10 years ago because the themes, narrative styles and treatment are more appealing for international audiences.

P6. The scripts of Spanish films and series are more attractive than one decade ago.

P7. Spanish fiction series and films in the last 10 years have been more competitive in the international scenario.

P8. The international visibility of Spanish audiovisual production has increased thanks to the development of subscription video on demand (SVOD).

P9. The export of Spanish audiovisual production has grown over the last 10 years.

## Anexo 3. Cuestionario de las entrevistas a los proveedores de Netflix

1. ¿Cuáles han sido los principales avances en materia de postproducción en los últimos 5 años? (en tecnología, pero también en procesos y *workflows*).

2. ¿Cómo se trabaja la postproducción antes de la llegada a España de servicios como Netflix? ¿Podrías poner algún ejemplo de flujo de trabajo que haya cambiado y que se haya optimizado?

3. ¿Cómo se trabaja la postproducción hoy, cuál ha sido la principal evolución?

4. ¿Cuál ha sido el papel de servicios como Netflix en esta transformación?

5. ¿Qué ha supuesto la adopción de este tipo de procesos y avances tecnológicos para el resto del ecosistema? (¿ha habido una transformación general motivada por estos cambios?).

6. ¿Cómo repercute el proceso de postproducción y los avances que se han producido en VFX y producción virtual en el contenido? ¿Creéis que lo hace más competitivo? ¿Por qué?

7. ¿Cuál es el rol de servicios como Netflix a la hora de hacer permeable este conocimiento y acercarlo a todo el ecosistema audiovisual en nuestro país?

8. ¿Cómo conviven estos avances con nuevos perfiles profesionales y dónde detectáis las mayores oportunidades profesionales en este ámbito?

# Sobre el autor

## José María Álvarez-Monzoncillo

 José M. Álvarez-Monzoncillo es catedrático de Comunicación Audiovisual en la Universidad Rey Juan Carlos de Madrid. Su investigación y enseñanza incluye temas sobre estrategias de medios internacionales, modelos de negocios de medios, política de medios y cultural,nindustrias de medios e industrias culturales. Autor de diez libros: *El futuro del audiovisual en España* (1992), *La industria cinematográfica en España* (1993), Imágenes de pago (1997), *Presente y futuro de la televisión digital* (1999), y *El futuro del ocio en el hogar* (2004), *Alternativas de política cultural* (2007), *La televisión etiquetada: nuevas audiencias, nuevos negocios* (2011), *Watching the Internet: The Future of Televisión* (2011), *Millennials, la generación emprendedora* (2017) y *The Dynamics of Influencer Marketing A Multidisciplinary Approach* (2022). Coautor de cuarenta y dos libros, más de cuarenta artículos en revistas científicas y alrededor de ciento cincuenta papers y conferencias sobre temas relacionados con la economía de los medios, las industrias culturales y la innovación tecnológica.